5分钟趣味阅读 3

适合小学中高年级

多彩校园故事多

新版范进中举

张伟主编

主　编

张　伟

副主编

刘士荣

编　委

谭佳辉　苏小霞　张　瑶　赵大鹏

张秋珍　程乔夏　李　微　赵　洁

南京师范大学出版社
NANJING NORMAL UNIVERSITY PRESS

图书在版编目(CIP)数据

新版范进中举·麻辣派 / 张伟主编. —南京:南京师范大学出版社,2016.10

(5分钟趣味阅读系列)

ISBN 978-7-5651-2798-4

Ⅰ.①新… Ⅱ.①张… Ⅲ.①作文—中小学—选集 Ⅳ.①H194.5

中国版本图书馆CIP数据核字(2016)第164157号

书　　名	新版范进中举·麻辣派(5分钟趣味阅读)
策　　划	姜爱萍　张　伟
主　　编	张　伟
责任编辑	任海燕　姜爱萍
绘　　图	邵　坚
出版发行	南京师范大学出版社
地　　址	江苏省南京市宁海路122号(邮编:210097)
电　　话	(025)83598919(总编办)　83598412(营销部)　83598297(邮购部)
网　　址	http://www.njnup.com
电子信箱	nspzbb@163.com
照　　排	南京凯建图文制作有限公司
印　　刷	江阴金马印刷有限公司
开　　本	787毫米×1092毫米　1/16
印　　张	8.75
字　　数	122千
版　　次	2016年10月第1版　2016年10月第1次印刷
书　　号	ISBN 978-7-5651-2798-4
定　　价	19.80元

出 版 人　彭志斌

前言

FOREWORD

校园是同学们成长的摇篮，校园故事是记录同学们成长的最佳载体。这个世界多姿多彩，发生在这里的故事纯真纯美纯洁。其中，有老师盈盈的笑脸，有同学纯真的友谊；有学业成功的喜悦，有考试失败的泪水；有成长的感悟，有思绪的升华。漫步在这个世界，喜怒哀乐样样皆有，苦辣酸甜咸五味俱全。

“儿童比艺术家的心真切得多。”（丰子恺语）作为一套非虚构作品，借助于童年的纯真，透过不染世俗的目光和心灵，去描绘生活中的美，赋予了这套书独特的审美价值。它虽清浅稚嫩，但内蕴深厚；虽短小精悍，但韵味无穷。它是一面镜子，映射出时代的光华；它是一块磁铁，把无数难忘的瞬间凝聚在一起，化为永恒；它是一部乐曲，把独具魅力的时代记忆编成了华美乐章。

同学们在欣赏同龄人感受美、展示美的过程中，既可以提高自己观察生活、认识生活、表达真情实感的能力，又可以陶冶身心、美化心灵。

校园生活五彩缤纷、绚丽多彩，校园故事是同学们的亲密伴侣。有它做伴，同学们的心灵永远不会寂寞；有它做伴，同学们的心头永远是天高云淡。

主编　张　伟

目录

CONTENTS

麻辣派之一：麻辣达人秀

有这样一个“活宝”/002
同桌，我想对你说/004
高个子的烦恼/006
同学王文豪/008
“恶”女孩/011
我胖，我苦恼/014
超级大明星/016
跌倒在巧克力下的女班长/018
我们班的“小辣椒”/020
试卷发下来以后/022
心比天高的“书呆子”/024
曾想改姓“硬”/026

麻辣派之二：麻辣同学情

我想说声“对不起”/028
我的“野蛮”同桌/030
深深的歉意/032
新“三个和尚”的故事/034
“战争”与“和平”/036
我的委屈/038
一件新颖的礼物/040
绰号大集合/042
换位/044
我真想不到/046
那件事令我刻骨铭心/048
“战争遗址”/050

5分钟趣味阅读

麻辣派之三：麻辣课堂餐

从未有过的沉默/052
变味的体育课/054
老师不在的时候/056
虚惊一场/058
放学时刻/060
倒立/062
一根教鞭/064
老师的错别字/066
左手画圆，右手画方/068
都是“老鼠爱大米”惹的祸/070
班里装上了摄像头/072
我当监考小老师/074

麻辣派之四：麻辣成长路

恼人的流行风/078
新版范进中举/080
惊心动魄的30分钟/084
放学众生相/086
聪明反被聪明误/088
难忘那一次家教/090
来信的故事/092
记一段难忘的经历/094
“宝贝儿”/096
我成长中的一件事/098
那远去的蓝色身影/100
1500米“酷刑”记/102

麻辣派之五：麻辣心态园

最近比较烦/106
快乐王子不快乐/109
我想变成矮个子/112
双胞胎的烦恼/114
这个暑假真烦/116
成长的烦恼/118
我的烦恼三部曲/120
我不想没作业/122
何时才能给考试减肥/124
我该不该说/126
令人心惊胆战的笑容/128
犯错之后/130
优等生？忧等生！/132

麻辣派之一：麻辣达人秀

我在剑桥英语班学习时，结识了一个叫张佳华的伙伴，他可真是“油嘴盖天下，厚脸赛城墙”啊。此君大鼻子，小嘴巴，牙齿有些发黄，穿衣服总是那么厚实，好像要把自己变成胖子。因为油嘴滑舌、油腔滑调，大家都叫他“活宝”。

有这样一个“活宝”

刘玉新

我在剑桥英语班学习时，结识了一个叫张佳华的伙伴，他可真是“油嘴盖天下，厚脸赛城墙”啊。此君大鼻子，小嘴巴，牙齿有些发黄，穿衣服总是那么厚实，好像要把自己变成胖子。因为油嘴滑舌、油腔滑调，大家都叫他“活宝”。

别看他那张嘴小巧玲珑，其实，他的嘴“大”着呢。

有一次，他问我：“1加1等于几？”

我爽快地回答：“当然是2了。”

“错，1只老虎加1只兔子，老虎吃了兔子，还剩1，所以，答案是1；1条蛇加1只鹰，鹰把蛇抓上了天，蛇把鹰毒死了，蛇又从天上掉下来，也死了，所以，等于0；还有……”

听了他的话，我真是哑口无言。不过，我还是很羡慕他有这样的思维。当我上上下下仔仔细细地打量他时，他的嘴里又飞出一句令我哭笑不得的话：“看什么看，上辈子没有见过帅哥啊？”这家伙，也不拿镜子照照自己，还真以为自己帅得一塌糊涂呢。

还有一次，他与“一方霸主”——江海吵了起来。我们一看他那架势，就知道大事不妙。只见张佳华指手画脚，唾沫飞溅：“我是君子动口不动手，今天我非损死你。你是天使，是天上的狗屎；你是神童，是神经病儿童；你是总统，是总统的马桶……”

他一口气说出了一大串，真够厉害的。大家都以为他会就此打住，没有想到，他的机关炮又开始放了：“你酷，你酷，你喝水在水库，睡觉在古墓。别以为自己是貂蝉和吕布，其实你是南极的土著。”

这一通话可把江海气坏了。

张佳华刚做完“君子”，不久，他就又做起了“幽默王”。

课间休息，张佳华走上讲台，对我们说：“我给大家讲一个故事吧。”同学们一听，全都来了精神。他笑了笑，就摇头晃脑地说了起来：“Wo、Wo、Wo、Wo 中，一只母鸡生了一个蛋，这蛋既不是 Wo(窝)生的，也不是 Wo(沃)生的，请问是谁生的?”

我们都知道，是 Wo(我)生的，就异口同声地说：“Wo(我)生的。”

“对了，是你生的。”

大家这才知道上当了，顿时，教室里一片笑声。

我这位伙伴，他时而淘气，时而幽默，真是班里的“活宝”。

魅力解读

读完本文，我们觉得张佳华同学真的是一个“活宝”。为什么呢？他最大的特点是语言幽默，嘴皮子厉害，是一个搞笑大王。故事中，作者运用了大量的语言描写，俏皮话连篇，几乎是一俏到底。再加上出色的外貌、神态描写，生动地刻画了一个“活宝”的形象。

同桌，我想对你说

谢　博

同桌，我想对你说，你的火暴脾气真该改一改了。你知不知道，你的火暴脾气对你的形象有多大的影响呀？

我曾天真地认为，女孩都是温柔可爱的，现在，我才知道，我的看法是大错特错的。

有时候，我无意中说错了一句话，就会立即遭到你和周欣欣用唾沫武装起来的“枪林弹雨”的围攻，而且每一次，都靠江亮“围魏救赵”，我才能脱险。尽管形成了 2∶2 的阵势，但往往是我和江亮斗不过你们，最后，只好败下阵来。在你俩面前，我俩就像两只温顺的小羊羔，躺在砧板上，“任人宰割”。有时，气不顺了，我也会“揭竿起义”，但往往不到几秒钟，就会被你镇压下去了。

同桌，你知不知道我的心中有多苦？

有时候，我见你心情好，和颜悦色的，就趁机问你一个问题。本以为你会细声慢语地回答我，迎来的却是劈头臭骂：“你烦不烦，吵死了！”

同桌，你在我心中的形象完全破碎了，你的回答使我简直难以相信你是个女孩。

现在，大半个学期过去了，我才摸透你的脾气，于是，惹你发火的概率也小了，即使这样，我仍会在无意中触怒你。

前两天，我读课文时声音大了点儿，你似乎不喜欢，就把眉头一皱，大大咧咧地骂开了："你是不是想死？"我吓得发抖，生怕又被你的盖世武功来个"泰山压顶"。

"这次，我饶过你，要是再犯……"你边说边把手指骨拗得"咔咔"响。

我有点儿胖，时常遭受你的"神指掐功"的威胁。你时常用你有力的手指——像螃蟹钳似的，使劲掐我，掐住肉之后，再用力扭一圈，害得我几天都无法消除痛苦。

同桌，敢问你是一个女孩吗？

魅力解读

作者用生动形象、简洁凝练的语言，刻画出一个形象独特的同桌，产生了很好的表达效果。其中，四两拨千斤的语言运用，只几句就尽显同桌的厉害。一些细节很典型，把同桌刁蛮的性格表现得淋漓尽致。最后一段语言诙谐幽默，丰富了故事的表现力。

高个子的烦恼

董相臣

“你看人家这个子。”在学校，个子矮的同学总是羡慕地这样说我。其实，他们哪里知道高个子的烦恼啊。

在原来的学校，我是班里个子最高的学生。当时，我虽然只有10岁，可1.43米的个儿，在同学中真有点鹤立鸡群的意思。

新学期新老师，第一次上课起立时，老师看见我比大家高出半头，还以为我是站在凳子上呢。她有些生气，就指着我说：“那个同学，你站在哪儿了？”

我被老师给问愣了，过了好一会儿，我才红着脸说：“老师，我站在地上。”

同学们哈哈大笑。

老师还是不相信，她走到我身边，弯下身子察看，当证实我的双脚确实是站在地面上时，脸上露出一种不可思议的表情。

这一刻，我感到十分尴尬。

转眼一年过去了，我转到了新学校。在去新学校的路上，我心里不住地祷告：新同学都跟我差不多高吧，哪怕有一个和我做伴也行啊！

真是天助我也，果然有同学跟我差不多高，甚至还有比我更高的。顿时，萦绕在我心头多年的鹤立鸡群的感觉消失了。

谁知，好景不长，我的烦恼又来了。新班有60名同学，我坐在最后一排。由于我们班课堂气氛活跃，加上有的老师“低音教学”，我时常听不清老师讲的内容，听不清前面同学的发言，真是急死人了。唉，个子高连听课都成了问题。

提起穿衣，我更烦恼。

一次，我和妈妈去百货大楼买衣服，我看上了一套套装，妈妈却说我穿不下。我撒起娇来，求妈妈让我试试，没办法，妈妈答应了。我从服务员阿姨手中拿过衣服，三下五除二穿上去，得意地走到镜子前一照，哇，酷极了，真是个帅哥儿，可就是腰和胳膊被“绑”得实在受不了。服务员说，这已经是最大号的了。没办法，在妈妈的唠叨声中，我只好慢腾腾地把衣服脱了下来，恋恋不舍地离去了。

我这个儿，只能穿大人的衣服，把自己包装成一个小大人，这和我幽默、天真的顽童形象太不协调了。

唉，要是有变矮的药就好了。

魅力解读

这篇故事写的是因个子高，而给自己的学习和生活带来的诸多不便和烦恼。材料典型，富有戏剧性，细节真实，读来轻松、愉快。在结构方面，开头由矮个同学的羡慕说起，颇有意味；结尾以幻想有变矮的药一句作结，令人回味。

同学王文豪

白 廉

上周五，语文胡老师布置了一项家庭作业：写一篇周记。

这周星期一，一上语文课，胡老师就让同学们站起来读周记。有写拾金不昧的，有写师爱的，也有写母爱的，胡老师一一点评，并进行了表扬。

轮到王文豪了，他战战兢兢地站起来，从书包里摸出一个本子，翻开一页，眼珠子往周围扫了一下，就慢慢地念了起来：

“捉黄鳝。”声音很小，但老师和同学们都听见了。

“题目尚可，有童趣。”胡老师点评道。

“星期天我和狗蛋、二娃子、草妹子去放鸭子。我们把鸭子赶到田畈里，让草妹子看着，我和狗蛋、二娃子就去找黄鳝洞了。”

“好文贵在开门见山，这篇周记的开头简明扼要，并且点明题意，不错。”胡老师微闭眼睛，摇头晃脑道。

“我们在田埂边发现了一个黄鳝洞，洞口有堆白沫。我们断定，这洞里一定有条大黄鳝。狗蛋二话不说，就把洞口挖大，伸进一只脚捅起来。”

王文豪读得越来越流利。

“语句通顺，用词得当，好……”胡老师此时已完全闭上了眼睛，他的思绪好像也飞到了田畈里。

“一会儿，二娃子在三四步远的地方发现另一个洞口流出了浑水。也就是说，这两个洞口是相通的，那大黄鳝可能很快就会从那个洞口出来。我就和二娃子等在那个洞口，双手做好准备，只要黄鳝一出来，我们就能把它捉住……”此时，王文豪读得声情并茂，教室里鸦雀无声。

“可是，那边的狗蛋脚都捅酸了，这条大黄鳝就是不出来。二娃子等不及了，要用手去摸，我说我来。我走下水田，把手伸进洞里，里面果然盘着一条黄鳝。”

“我叫了起来：‘我摸到了，摸到了很大的一条！’”

“有多大？”胡老师睁开了眼睛。

“我抓住黄鳝的脖子，”王文豪并不理会胡老师的问话，接着读下去，“一下子，我就把它揪了出来。”

“‘哇——’只听二娃子一声惨叫，我仔细一看：‘妈呀！’”

“怎么回事？怎么回事？”同学们都瞪大了眼睛。

“我揪出来的是一条蛇！”

“哇——”胡老师的声音比谁都响。

过了好一会儿，胡老师才回过神来，他大声赞扬道：“好文章，好文章。来来来，把你的本子给我，我给你修改一下，然后投给报社。”

听说要交作业本，王文豪一下子没有了刚才的神采飞扬，他又战战兢兢起来。犹豫了好一会儿，他才慢慢腾腾地把手上的本子交给了胡老师。

胡老师接过本子一看，不由得呆住了：王文豪刚才捧读的竟是一本数学练习簿，原来他压根儿就没有把写周记当回事。

魅力解读

故事一开始就制造了悬念：王文豪“战战兢兢地站起来”，摸出了一个本子，“慢慢地”“念”自己的周记；当他“读得声情并茂”时，“教室里鸦雀无声”，大家都在静静地听；接着是，“我摸到了，摸到了很大的一条”，故事达到了高潮，并与胡老师的点评所制造的悬念相得益彰。故事情节扣人心弦，引人入胜，结局出人预料，结尾韵味悠长，为点睛之笔，也使“同学王文豪”立即鲜活起来。

“恶”女孩

杨思凡

“恶百恶十恶加十恶等于恶百三十是(二百二十二加十二等于二百三十四)。”

听,这是一个女孩子站起来回答老师问题时的口音。

顿时,教室里像在开音乐会,“呵呵”“哈哈”“嘿嘿”“嘻嘻”,什么声音都有,不过,大多数还是嘲笑的声音。这个女孩就在那儿傻傻地站着,看着笑弯了腰的老师以及笑得前仰后合的同学们。

这个咬舌女孩到底是谁呢?你别急,听我慢慢道来。

听说,两岁那年,这个女孩的姥爷抱着她玩举高的游戏。谁知,正玩着,她姥爷不慎手滑了,于是,令人心悸的一幕发生了:这个小女孩先是挂在了铁丝上,接着,摔在了地上。因为是脸朝下摔的,待落地时,她的几颗牙齿也飞了出去。

出了这件事后,这个女孩就变得满口无牙,从此,吐字不清,受尽嘲笑,生活真是“苦”矣。

自从发生了上面提到的“教室爆笑案”后,同学们都知道这个女孩的庐山真面目了,这个女孩的“苦难生活”便随之而来了。

事件一

“再说一遍‘二’,好不好?”

“你说得是哪国的语言啊,太‘好听’了,再说一遍!”

“二(e)二(e)二(e)二(e)二(e),放心,你再叫多少遍‘鹅’,鹅也不会来。”

听听,同学们都说了些什么,幸亏这个女孩心态好,不把这类事放在心上。要是换个脾气暴躁的同学,早就发生“校园大战”了。

唉,这个可怜的女孩。

事件二

自从数学老师知道这个女孩的致命弱点后,为了不再发生“教室爆笑案”,只要答案中有“2”,就不再让她回答问题,即使教室里就她一个人举手,也不叫她回答问题。

语文课上,为了防止她回答问题时出现“而”“儿”“耳”等字而闹笑话,语文老师也剥夺了这个女孩的发言权,这使得原本就很内向的她性格更加内向了。

唉,这个可怜的女孩。

事件三

由于她的特殊表现——能把“二”说成“恶”,这个女孩很快就成为学校里的“名人”。

在这个女孩心中,成为这样的“名人”,就好比从十层楼上跳下来自杀一举成名一样。

唉,这个可怜的女孩。

这个女孩是……

这不是秃子头上的虱子——明摆着嘛,她就是本小姐。

现在,我下定决心,一定要学会说"二"。晚上,妈妈当我的教练,专门训练我的发音。

"把舌头往上卷,使劲儿念——二!"妈妈很认真地教我。

"恶!"我认真地学着,发出来的声音却还是"恶"。

"二!"

"恶!"

"二!"

"恶!"

……

最后,很有耐心的妈妈也失去了耐心,于是,她辞掉了教练的职务,让我自己去练。唉,吐字不清可真害惨我了。

我这个可怜的女孩!

魅力解读

每个人都会有缺点或不足,难得的是,能够用豁达的心态对待自己的缺点或不足。作者敢于对自己进行自嘲,并用风趣的语言把自己吐字不清的缺点展示出来,"幽"了自己一默。这篇佳作结构匠心独运,设计合理,不显斧凿,表达时,使用了拟声、重复、夸张、比喻、引用等多种修辞手法,又不显得堆砌和臃肿,表现出非常扎实的写作基本功。

我胖，我苦恼

张潇文

听妈妈说，小时候我很瘦。谁知，才几年工夫，我竟像吹气球似的疯长，1.4米多的个子，体重就达到了48千克，整个一个小胖墩儿。走起路来，我一摇一摆，慢吞吞的，像只小企鹅，稍微用点劲儿，就累得气喘吁吁，因此，我很苦恼。

父母的同事来我家串门，总会打着哈哈对我爸爸说："老张，瞧你儿子又白又胖，一定在吃上花了不少工夫吧？"接着，语重心长地劝道："得多注意才是啊。"说罢，便转过身来拍拍我的肚皮，笑眯眯地说："长大了准是当官儿的料。"

哼，拿我开涮，这时，我多半会愤然离去。

晚饭后出去散步，邻居的老爷爷、老奶奶若碰见妈妈，总会唠叨几句："给你儿子少吃点回锅肉，多吃些青菜萝卜，瞧这个胖哟。"

一位快嘴阿姨竟说："长胖了也好，去日本学相扑，没准儿还会为国争光哩！"

听了这话，我和妈妈一脸的尴尬。

这类的话听多了，我就拒绝出去散步，我真想把自己关在屋里，永远不出门，可我还得上学呀。

到了学校，情况更糟。同学们给我取绰号，什么"小肥猪""北极熊"，弄得我一点尊严都没有。女生简直坏透了，她们还会不怀好意地给我传授一些莫名其妙的“减肥秘方”。

有的说：“我看啊，你去商店买‘康尔瘦’减肥茶，包你一个月像我一样苗条，亭亭玉立。”说罢，还故意摆了个 poss。

有人还搭上一句：“我有一个好办法，你若是绕着地球跑上一圈儿的话，大伙就都该叫你瘦猴子啦！”这话引来了一阵哄笑。

我的脸火辣辣的，耳根子都在发烫，真想找个地缝钻进去。

有的同学还挖苦我说：“如果我是你，干脆在身上割下几斤肉去卖，既能赚钱，又能减肥。”

听了这些话，我真是无地自容，难受至极。

有一次，我竟忍无可忍地打了一个同学，结果被老师狠批了一顿。

为什么会这样？我究竟做错了什么？我不就是胖点儿吗？我胖又妨碍谁了？我脑子又不比谁笨，我写的作文比谁都强啊，那我干吗跟自己过不去？这样想着想着，放学后，我便一溜小跑着回到家，冲着妈妈大声喊：“晚饭后，我跟你出去散步！”

魅力解读

你身边的小胖墩儿也一定不少吧，这既是生活质量提高的表现，也是他们缺乏体育锻炼的证明。作者现身说法，给我们讲述了肥胖带来的种种苦恼，读后，让人忍俊不禁。在故事的最后，作者的认识突然有了一个急转弯，这个变化给故事增色不少。

超级大明星

庞　达

四(2)班的“超级大明星”是谁？嘘，真不好意思，就是我——庞达，这可是张老师送给我的“大号”。

听，眼保健操的节拍已经响起来了，我和同学们一起做眼保健操。做着做着，我想看看值周班长有没有在检查，就偷偷睁开了眼。没想到，值周班长就站在我面前，吓得我连忙闭上眼睛。

值周班长说：“庞达，我就知道你肯定会睁开眼睛的，记过一次！”

嘿，真是倒霉透了。反正已经上了黑名单，我索性睁着眼做起眼保健操。

下课了，我不小心撞了一下黄嘉南，连忙说：“对不起！”可他仍没完没了地说我是故意的，还说要去告诉老师。我实在忍不住了，就叫他“南瓜、南瓜头、烂南瓜”。

这下可不得了了，同学们大叫：“庞达说话不文明。”

我只得眼睁睁地看着礼仪委员在我的名字后面又打了个大大的叉叉。

平时，我挨批的事多着呢。

数学课上，老师在黑板上刚出了题，我就喊出了答案，结果挨批；英语课上，我已经会读了，可老师还要我们读，我不读，结果挨批了……

张老师说：“你是个聪明的孩子，可现在成了上镜率最高的‘超级大明星’，成了一个惹是生非的‘超级大明星’。你能不能做个学习优秀、言行文明，让大家都佩服的真正的‘超级大明星’呢？”

唉，我什么时候才能把坏习惯统统改了呀。

张老师说过：“世上无难事，只怕有心人。”从今天起，我要下定决心把自己的坏习惯一个一个消灭掉，争取早日做真正的“超级大明星”。

魅力解读

作者是个很聪明的孩子：数学老师出的题，他比别人反应快，英语老师教的内容，他比别人先会读；但他也是个顽皮、好奇心强的孩子：睁眼做眼保健操，叫人外号，上课抢答问题。为了突出人物形象，作者通过语言、动作描写，详写了前两件事，略写了课堂的表现，然后，借老师之口，给自己一个定位——“超级大明星”，语言诙谐幽默。

跌倒在巧克力下的女班长

肖 欢

“我们班的女班长被撤职了!”这消息像长了翅膀似的一下子传遍了整个校园,校园里立即掀起了一场轩然大波。这个显赫一时的女强人,怎么突然就被革职了呢?这事还得从头说起。

这天早晨,轮到女班长值日,她像往常一样早早地来到学校检查卫生。她走到班级卫生包干区,眼前的景象让她大吃一惊,地上满是垃圾,丢弃的饭盒、食品袋随处可见。今天轮到谁清扫?她气呼呼地回到教室,查看值日表,才知道是王小强。“这个家伙,尽坏我的事,我得去找他。”她正欲转身,迎面就碰上了王小强。

女班长气呼呼地冲着他说:“王小强,你来得正好,我正要找你,你今天为什么不去打扫包干区?”

王小强先是一惊,继而拍着脑门儿说:“瞧我这记性。我怎么把这事给忘了呢?我这就去扫,这就去扫!”说着,王小强拿起扫把,飞快地跑向卫生包干区。谁知,还没有下到楼梯口,上课的铃声就响了。

这时,值周老师检查卫生回来了。女班长一看就知道大事不好,这回准要扣班级的分,她气冲冲地拉着王小强要到老师办公室去。王小强一看，吓得双腿发软，他求爷爷告奶奶地哀求女班长，请她高抬贵手，饶他一回。女班长就是不肯，非要拉他到老师办公室负荆请罪。就在王小强万般无奈的时候，他无意中碰到了自己的口袋，发现里面有一块硬邦邦的东西，他掏出来一看，原来是一块巧克力，要知道女班长是最喜欢吃巧克力的，这同学们都知道。

王小强灵机一动，把巧克力往女班长手上一塞，说："这是我舅从外地给我带回来的，请你尝尝鲜。"

女班长先是一惊，然后，装着一本正经的样子说："这个……我是不会要的！"说着，她却把巧克力往自己的口袋里一塞，对王小强说："好吧，下不为例！"

王小强忙赔着笑说："是，下不为例，下不为例！"

就这样，在以后的几天里，王小强依然没有打扫包干区的卫生。同学们有意见，女班长却处处庇护他，为他做掩护。这事不知被谁告到老师那里。老师听了，查明情况，发现女班长接受过王小强的"贿赂"，就立即对她撤职查办，从此，这位风光一时的女班长沦落成了"阶下囚"。

这真是咎由自取啊！

魅力解读

一块巧克力竟使班长被撤职，这看起来似乎不合常理，但读了全文，又觉得在情理之中。原来女班长利用职务之便，收受了王小强的"贿赂"，办事不讲原则，丧失了一个班干部的立场，因而，被老师撤职。这虽然是一件微不足道的小事，但在今天看来，却有一定的现实意义，令人深思。

我们班的"小辣椒"

董　彦

清晨，我刚一走进教室，就听见一声严厉的命令："快交作业！"回头一看，原来是我们班的"小辣椒"在"逼"同学们交作业。

你知道"小辣椒"是谁吗？她就是我们小组的语文组长——江亚地。她浓眉大眼，头发短短的，像个假小子。她说起话来既快又辣，对同学凶巴巴的，同学们就送给她一个绰号——"小辣椒"。

有一天早晨，我高高兴兴地走进教室，打开书包一看，竟发现自己的作业本忘带了。我急得就像热锅上的蚂蚁，不知怎么办才好。突然我灵机一动，先交个空本子混过关再说。

谁知江亚地检查完作业本，立即走到我跟前，装着一副老师的样子，严厉地问："董彦，你的作业本呢？"

"不是交了吗？"我小声回答。

"交了？哼，一个空本子，还交了呢，骗谁呢？"她一边凶声凶气地说，一边抖动着手中的本子。

同学们都围上来看热闹，我的脸顿时热得火烧火燎，只能哑口无言地低着头挨训。最后，她问道："为什么不做作业？"

我吞吞吐吐地说："我……我……我忘

带了。”

“忘带了？解放军要是上了战场忘带枪，行吗？”她又大声吼起来。

“我补，我补，还不行吗？”我只得软下来。

她用命令的口气说：“下午把作业本带来！必须让家长写个证明，证明你确实是在家里做的作业！”

瞧，这个“小辣椒”够辣的吧？不过，话说回来，人家“小辣椒”对工作一丝不苟、认真负责，也是为咱们好嘛！

魅力解读

这是一篇以叙述为支撑、以描写见长的个性鲜明的佳作。一是用“小辣椒”监督同学交作业的片段倒叙开头，先声夺人，增强了悬念效果。二是语言生动。描写“小辣椒”长得像个假小子，说话凶巴巴的；描写言行，浑身上下让人嗅到浓浓的辣味儿。叙述讲究点技巧，描写多花点笔墨，故事何愁不生动呢？

试卷发下来以后

熊　超

女孩就是女孩，娇娇的，怪怪的。

期末考试真难，全班的最高分才 87.5 分。试卷一发下来，同桌罗媛就掉“金豆子”了，她抽抽噎噎的，好伤心啊。

“小丫头片子，不就是没及格吗？值得哭吗？没出息。”我没理她，打开我的试卷，87.5 分，我好高兴。

她不哭了，抬起头来，眼睛还是红红的：“熊超，把你的试卷给我看一下。”

我得意地把试卷递过去：“87.5 分，你呢？”

她没说话，专心地看我的试卷。我拿过她的试卷一看，87 分，才比我少半分。

我有点儿不好意思了：“罗媛，考这么好，干吗还这么伤心？”

她没抬头，小声说：“第七题我错了，你能告诉我，这道题为什么要这么回答吗？”

我的脸红了，心里感到很惭愧，我也只有 87.5 分啊，比她才多半分，居然那么得意。唉，我真恨不得找条缝钻到地底下去。

“熊超，你怎么不说话？”她抬起头，一脸的真诚，“你真聪明。”

我更不好意思了，我低下头，装模作样地看她的试卷。

"熊超!"突然,她的声音都变了。我一看,她的眼睛又红了,又要流眼泪了。我真怕她了,我赶快拿过她的试卷讲了起来:"这一题……"我觉得我的声音都不像是自己的了。

她听得很仔细,聚精会神的。

好不容易讲完了这道题,她终于露出了笑容。

我不敢看她,因为和她一比,我觉得自己太骄傲了,我真是个大傻瓜,还好意思说人家没出息,我才是真正的没出息。

我不敢再往下想了,打开试卷,认真地订正起来。

魅力解读

试卷发下来了,同桌伤心地哭了,"我"却沾沾自喜,这样,同桌的虚心好学与"我"的骄傲自满就形成了鲜明的对比。具体写时,对同桌神态、语言和表情的描写,生动而传神,人物形象栩栩如生。其实,这个人物形象同学们身边都有,他们这种严谨求学的精神,是我们学习的好榜样。

心比天高的"书呆子"

吴俊逸

平时,他像只大龙虾,整天弓着腰趴在桌子上,废寝忘食地啃着书本。别小瞧他,他竟想称霸世界,成为一代天骄,这当然需要历经一番磨难了。本人对他表示怀疑,他能行吗?

其一,过去的他曾是我们的中队长,虽然颇有管理能力,但不能以身作则。他是个两面人,在老师面前,他像一只乖巧的猫咪,惹人喜欢;在老师背后,却像一只骄傲的公鸡,得意忘形。前不久,他头上的这顶"乌纱帽"就给丢了,悲哉呜呼。唉,连一顶"乌纱帽"都保不住,怎能成为一代天骄呢?

其二,每当同学们没做完作业,请他网开一面时,他总是铁面无私,于是,他受尽了同学们的白眼;每当同学不小心犯了错误,他总是毫不犹豫当众批评、指责,丝毫不留半点面子,就连他的好哥们,他都快得罪尽了。唉,人都说"宰相肚里能撑船",像他这种直肠子的等闲之辈,又怎能成为一代天骄呢?

话说回来,此人虽然缺点多多,但他还是有过人之处的。看他那学富五车的神气样子,就知道他是只地地道道的"书虫"。据说,他看过的书很多,无论是古典文学四大名著,还是经典小说,无一不读。

瞧，这个心比天高的“书呆子”又在显摆了。看了《七侠五义》后，他竟捡来一根棍子，在同学们面前舞枪弄剑，还口口声声地称自己是南侠展昭，要称霸天下；看完《三国演义》，他竟夸口：“如果三国乱世有了我这位上知天文、下知地理的活神仙，三国早就统一了。”

这人真可谓书呆子中的书呆子。

亲爱的读者，你可知道这个心比天高的书呆子是谁吗？不好意思，他就是本人——吴俊逸。

魅力解读

角度新颖，构思巧妙。故事中，作者先是以第三人称白描了一位“心比天高”的书呆子，写出了他得意自信、铁面无私、阅读面广等特点，最后才揭开谜底——原来说的就是自己。这样的自我介绍，令人耳目一新。此外，新颖的标题、幽默的语言，也是本文的特色。

曾想改姓"硬"

阮弋帆

魅力解读

百家姓里可没听说有姓"硬"的，所以，故事的题目就引起了我们的兴趣。开篇，作者也同样做出了这样的设问，使我们怀着一种好奇心想读下去。作者以自己对名字的认识为线索，向我们讲述了名字得来的曲折经历和因名字而带来的苦恼，行文流畅自然，语言诙谐幽默，读后，让人忍俊不禁。自己的名字都可以写出别开生面的故事，看来，同学们的生活中真的不缺少写作素材啊。

看了这题目，想必你不是笑破肚皮，就是跌破眼镜吧，谁会想改姓"硬"呀？

我姓"阮"，正好与"软"同音。在我出生以前，姥爷就认为这个姓难取名，最好名字里能够有一个与"软"相克的字，于是，他为我取名"阮克锐"。没想到，我出生后，爸爸去登记户口，工作人员不小心把"锐"写成了"税"，我爸一念，"阮瞌睡"，这还得了？他急忙打电话请示姥爷，我这才有了现在的名字——阮弋帆。

一年级开学那天，老师让同学们作自我介绍。我刚说出自己的名字，教室里就炸开了锅。从那天起，我开始被一些同学叫成"软糖""软锅饭"。渐渐地，我对"阮"这个姓有了不满。如果改姓"硬"的话，就没有这些讨厌的外号了。

静下心来想一想，其实，我并不"软"啊。我的成绩好，性格很坚强，再说，我们阮家有许多名人：武有阮氏三雄，文有阮籍等大学者，这可都是阮姓的骄傲啊。再说了，一个人能有这么多外号，也是人缘好的象征嘛。如果和同学关系不好，他们怎么会拿我的姓来开玩笑呢？

听，黄宇恒那个家伙又在叫我"软糖"了，我笑呵呵地答应了一声："哎！"从今以后，我行不更名，坐不改姓，阮弋帆是也。

麻辣派之二：麻辣同学情

一天，我和往常一样，被几个同学拥着走近了她，只见她突然抬起头，看着我。我发现，她的目光里含着几多的委屈、几多的怨恨。顿时，我的笑容僵在脸上，随即，我逃也似的跑开了。摸摸胸口，心跳得那么厉害。我有点不明白，是什么使我脸红，是什么使我的心跳加速，我甚至怀疑自己是否得了心脏病。

我想说声“对不起”

陈新尚

这节是自习课，我偷了个空儿，伏在课桌上打了一个盹。突然，一个很大的声音在我旁边响了起来：“陈新尚，你打起点精神，别这样‘做一天和尚撞一天钟’了！”

什么？我最忌讳别人这么说我。一听这话，我腾地一下站了起来。抬眼一瞧，是同桌汪小青，我便嚷道：“什么，你说什么？妖精！”

这句话可真厉害，她只“这”了两下，就没话了。这下我可得意了，我的梦还没做完呢，继续睡吧。

一连几天，汪小青都没敢正眼瞧我，我可是沾沾自喜，整天和同学们嘻嘻哈哈的。每当走过她身边时，我还要特地多看她几眼，多笑上几声。

一天，我和往常一样，被几个同学拥着走近了她，只见她突然抬起头，看着我。我发现，她的目光里含着几多的委屈、几多的怨恨。顿时，我的笑容僵在脸上，随即，我逃也似的跑开了。摸摸胸口，心跳得那么厉害。我有点不明白，是什么使我脸红，是什么使我的心跳加速，我甚至怀疑自己是否得了心脏病。

以后，每当看见她，我总是低着头，擦肩而过。日子愈久，我心里的不安就愈加厉害，压力也越来越重，我担心自己的失言会给她带来麻烦。

果然不出我所料。一天，不知是因为什么事，我们班上的一名男同学和她吵了起来，这个男同学理直气壮地引用了我那句“名言”——“妖精！”听了这话，我的脸发起烧来。也不知是一股什么力量，我猛地站起来，对那个男同学说：“不许你这么说她！”

那个男同学满不在乎地瞟了我一眼，阴阳怪气地说：“哟，我说小姐，这句话可是你发明的啊！怎么？你是不是又想要一要威风，出一出风头啊？”

听了这话，我气得满脸通红，说不出话来。汪小青则用感激的目光看了我一眼，这更使我惭愧得无地自容。我配她感激吗？我不配！是我伤了她的自尊心，我对不起她。

然而，时至今日，我仍没有勇气对汪小青表达自己的歉意，我只是在心里无数遍地说：“请你原谅我，原谅我这个曾经伤害过你的人吧！”

魅力解读

本文最突出的特点是，人物的心理活动描写细腻，人物思想转变的过程真实。你看，自己失言伤害汪小青时的得意扬扬，内疚时的面红心跳，没有勇气道歉时的惴惴不安，无地自容，都描写得栩栩如生，这样，就把一个做错了事、满怀内疚的同学的形象鲜活地展现在了读者面前。

我的“野蛮”同桌

陈佳兵

我的同桌叫张美萍，是个长得很秀气的女同胞，不过，同学们在背后都叫她“孙大娘”。这一学期，老师安排我跟她同桌，有同学戏称，说我要尝到“河东狮吼”的滋味了。

一次排队买晚饭，后面的洪乙程和叶宏友低声吵了起来。开始时，他们你推我一下，我还你一下，后来，他们越吵越厉害，像两只好斗的公鸡，你一拳我一脚地打了起来。

旁边的人想把他俩劝开，可洪乙程粗着脖子、扯着嗓子喊：“关你们屁事，想找死呀？”

见此情景，张美萍二话没说，分开人群，凶神恶煞地站在他俩中间，伸出“纤纤玉手”，一招“排山倒海”，打翻了叶宏友，紧接着，又一招“黑虎掏心”，打倒了洪乙程，疼得他俩躺在地上直叫唤。旁边的同学看见了，都拍手称快。

老师闻讯赶到，把他们叫到办公室，三个人都挨了一顿批。通过这事，同学们对张美萍有些敬畏了。

最近发生的一件事，彻底改变了我对她的看法。

那是一次活动课，我们正在操场上举行班级小足球赛，张美萍和几个女同学在一边玩牛皮筋。突然，一个踢足球的男生一不小心踢到了石头上，脚趾甲被踢翻了，顿时，鲜血直流，他抱着血淋淋的脚趾哇哇大叫。见此，同学们都乱了方寸，束手无策，呆呆地站在那里。

只见张美萍飞快地跑过去，一声大喝："还待在这里干什么？还不快送医院！"说着，她迅速解下脖子上的红领巾，包在受伤同学的脚上。接着，她蹲下身，抓住这个同学的双手，慢慢转过身，背起他，站直身子，撒腿就向医院奔去。

望着她的背影，同学们突然觉得她并不是那么野蛮。

魅力解读

"野蛮"同桌的话语不多，可一句话就表现出了她外"野"内秀、关爱同学的优秀品质。其实，她哪里是野蛮，她分明是一位女大侠。材料典型，描写细致，对比手法的运用，增强了故事的表现力，通过此，一个个性鲜明的女同学向我们走来。

新"三个和尚"的故事

杨　健

"一个和尚挑水喝，两个和尚抬水喝，三个和尚没水喝。"这个故事，已是家喻户晓，大家也许不知道，我们班也发生了"三个和尚没水喝"的故事。

教室快要打扫完了，教室后面的地上积了一大堆垃圾。清扫垃圾可是又脏又累的活儿，三个值日生都背对着垃圾堆，各自打着自己的如意算盘。

这个胖胖的"和尚"，滚圆的脑袋，短而粗的身材，样子傻，心眼可不傻。你瞧，他正席地而坐，头耷拉得低低的，垂到了胸前，两只眼睛时而迅速地朝后面瞟上几眼，又马上把目光收回到手里拿着的早已看烦的小人书上。他心里嘀咕着："我就那么傻呀，我去倒垃圾，你们清闲，想得倒美！现在我装着看书，老师来了，我就说没看见。再说，我已经扫了两排地了。对，就这么办！"你看，多"高明"的主意。

再看另一位小"和尚"，他的双手插在裤兜里，脚下踩着一个小足球，正皱着眉头，好像在思考问题。不过，他思考的并不是学习上的问题，而是怎么让别人去倒垃圾。在他看来，倒垃圾是吃亏的事，吃亏的事自己可不能干。那两个人在干什么呢？他很想扭头去看看，可又不能看，万一他们发现我没事干，一定会让我去倒垃圾的。嗯，不能扭头，只能皱紧眉头。

还有一位高个子的“和尚”。那两个“和尚”的一举一动，他都看在眼里，他在心里发出了一声冷笑：“想让我去倒垃圾，没门儿，上次值日，就是我倒的垃圾……”其实上次倒垃圾的不是他，而是另有其人，只不过那两个“和尚”没看见罢了。你看这个“和尚”，轻快地吹着口哨，手里拿着一把尺子，正兴致勃勃地逗着一只不知从哪里弄来的蟋蟀，好悠闲呀。

垃圾总是要倒的，可是谁去倒呢？若是他们当中有一位“傻”一点，就好了，可是，这几位都是如此“聪明”，他们都把自己当成了没事人。地上积了一堆垃圾，他们都知道脏，他们的思想上也有一堆垃圾，就不知道脏吗？

魅力解读

为了推卸倒垃圾的责任，三个值日生都念起了各自的“经”。将这三个同学比作“三个和尚”，非常具有现实意义和讽刺意味。通过诙谐的语言，将人物的神态、动作描写得生动传神，心理描写细致入微，对塑造人物具有很重要的作用。文末，一语道破题旨，升华了故事的主题。

“战争”与“和平”

郁晓虎

打开我记忆的闸门，许许多多的故事组成了一部情节曲折的影片。其中，最令我难忘的，是那组关于“战争”与“和平”的镜头，镜头里的主人公——赵春是我最要好的朋友。

上学期开学时，老师让我和赵春坐一张桌子。因为第一次和男同学同桌，我很高兴。谁知，好景不长，不久，我们的桌子上就出现了一条“三八线”，这是为什么呢？

那天中午，我正伏在桌子上聚精会神地写语文笔记，突然，同桌碰了一下我的胳膊，我的笔记本上立刻出现了一条歪歪扭扭的“小蚯蚓”。我气得满脸通红，转身责问道：“你怎么这么不小心？你看，这怎么办？”

“什么？这么短的一条线，就找我的麻烦？前天，你把我的算术本上撞出一条‘长蛇’来，我还没有找你算账呢！”

我一听，火冒三丈，拿起直尺，量好距离，用圆珠笔在桌子中间画了一条“三八线”，并恶狠狠地说：“哼，以前的事一概不算，从今天起，谁超过‘三八线’，任凭对方惩罚！”

赵春立即响应。

从此，我们俩就像被一堵冰墙隔着似的，关系越来越紧张，上课都提心吊胆的，生怕超过那该死的界线。

班主任老师知道这件事之后，没有批评我们。第二天，老师出了一道作文题：我的好同桌。

看到这个作文题目，我和赵春都有些不好意思了。我们极力想着对方的优点，结果发现对方竟有许多值得学习的地方。我不觉偷偷看了他一眼，哪知他也正偷偷地看我，目光相遇，我们都尴尬地笑了。

从此以后，“战争”的阴云消散，我们俩成了友好邻邦。

魅力解读

学习生活中，那条记载着无数小故事的“三八线”是最让我们记忆犹新的。独具慧眼的作者以此为切入点，通过灵动的文笔，写出了一篇充满趣味和意味的故事。一条“三八线”是故事的中心，它交织着“战争”与“和平”，维系着两颗童真的心。从“小蚯蚓”到“大长蛇”，从“战争爆发”到“阴云消散”，从“冰墙隔阂”到“友好邻邦”，从一个独特的角度写出了同学们之间的真挚友谊。

我的委屈

翟文艺

天空中，有一只离群的大雁在孤单地飞着，那就是我。

今天中午，我见我们班上的女生都在楼下跳皮筋儿，心里有点痒，就下楼想和她们一起玩。

来得还真巧，胡春燕她们正在玩“手心手背”，我赶紧走上前去，低声下气地对胖乎乎的胡春燕说：“让我也来吧，好不好？”

听了这话，胡春燕的眉毛皱成一团，眼睛眯成一条缝，她拿着皮筋搓来搓去，不知所措地向正在喝橘子水的黄云看去。黄云的皮筋跳得最好，大家都愿意和她结对子，她自然就成了头儿。看着黄云趾高气扬的样子，我就感到不舒服，但为了能跳皮筋，我还是厚着脸皮凑上前去，对黄云说明了来意。

没想到黄云把眼一斜，冷冰冰地说：“大组长，你还是多检查检查我的作业吧，好向老师报告！”

我一听就明白了，原来她是为今天早晨来补作业被我汇报了而生气。这能怪我吗？要怪应该怪她自己平时不认真完成作业，不过，我忍着没将这话说出来。倒是胡春燕见我难堪，就说：“我们正好六个人，如果加上你，就是七个人，不好来的，你还是去找别人玩吧。”

听了这话，我就像泄了气的皮球走开了。

走到大操场，我看见黄蓉手里拿着皮筋儿，就连忙奔上前去，问：“你是不是要跳皮筋儿？”

“是的。”黄蓉的兴致挺高。

我说：“能不能和我来？”

“这……”黄蓉支吾起来。我看见她后面跟着王苹，就立刻明白是怎么一回事了。

王苹平时挺凶，老爱拿话冲人。上次我写了一篇《我讨厌的一个人》的作文，写的就是她，没想到老师在课堂上把这篇文章给读了出来。第二天，王苹就不和我说话了。看来，我今天跳不成皮筋儿了。

果然，王苹白了我一眼，毫不留情地说：“不和她来。”

我一听，真是气极了。“王苹，又不是你的皮筋儿，你凭什么自作主张？”不过，我没将这些想法说出来，因为我知道我说不过她。尽管如此，我感到眼泪已在眼眶里打转了。为了不当众出丑，我赶紧走开了。

同学们，我有什么地方得罪你们了，你们怎能对我这样，难道仅仅因为我说了些真话吗？同学们，请理解我，让我这只离群的大雁归队吧。

魅力解读

故事中，作者把事情写得清清楚楚，情节一波三折，起起伏伏，情感表达得丰富细腻，把自己的委屈写得真实可信。通篇没有大话、空话，字字句句都是自己的切身感受，真是言为心声啊。

一件新颖的礼物

程 诺

要是有人问我怕什么，我会毫不迟疑地说："怕同学过生日！"

这可不是我古怪，也不是我不爱交朋友，只是同学过生日就得送礼物，可我每月只有五元的零用钱。每当遇到这样的事，我只好采取"计划经济"或者"家庭调节"了。

这个月，偏偏有三个同学过生日，而且他们都是我的好朋友。给前两个同学过完生日后，我的兜里仅剩几毛钱了。赵明下星期日要过生日，我该怎么向他祝贺呢？是继续"家庭调节"，还是另想办法？我天天为此事发愁。

好在天无绝人之路，这天，我偶然打开收音机，正好听到经济台的《听众点播歌曲》节目，我的心里一亮，立刻有了主意："给赵明点首歌，既有新意，又节省开支。"于是，我就立即行动起来。

赵明生日的那天，他请了五个同学去他家做客，自然也少不了我。到了他家后，同学们先后拿出了自己送的礼物。王方送给他一本《世界经典童话故事》，李勇送给他一支钢笔……等大家都拿出礼物了，目光就不约而同地转向了我。

"你没给赵明带礼物吗？"一个同学问。

我装作很不好意思又很神秘的样子，小声说："还没到时候。"

赵明连忙说："我并不希望你们一定要带礼物，只要大家能来，我就很高兴。"

于是，我们围坐在一起聊天，品尝小主人为我们准备的食品。

我一直在偷偷地看表，终于，时间到了，我迅速打开收音机，对赵明说："我有一件礼物要送给你。"

很快，收音机里就传出播音员那清脆、甜美的声音："赵明同学，今天是你的生日，你的好朋友程诺为你点了一首歌《祝你生日快乐》。"立刻，屋里响起了优美、欢快的乐曲。

显然，赵明高兴极了，他拉着我的手，半天说不出话来。另外的几个同学也很兴奋，他们随着收音机播放的旋律，大声唱起来。

赵明激动地对我说："谢谢你，你的礼物太好了。"

是啊，有些礼物并不都是用钱能买到的，正像人们所说的"友谊无价"。

魅力解读

作者讨厌校园里过生日送礼之风，但又不得不跟风走。在连着给两个同学送了生日礼物后，囊中所剩无几，正愁怎么给第三位好友过生日，他灵机一动，为好友点播了一首歌曲，并获得了朋友们的一致赞叹。这说明，有些礼物并不都是用钱能买到的。故事现实性强，很有教育意义。

绰号大集合

杨宜玲

“长颈鹿，老师叫你，快来呀！”长颈鹿就是唐景陆，偏偏“景陆”跟“颈鹿”是同音，难怪大家这么叫他。

说起唐景陆，他也真是名副其实的长颈鹿。有一次考试，唐景陆有题不会做，他就伸着长长的脖子东张西望起来。老师发现了，很生气地说：“你真是一个长颈鹿。”

在我们班上，好多同学都有绰号。

记得刚上一年级的时候，一位小个子同学在叫一位胖乎乎的同学时，竟叫他“三明治”。大家都觉得很奇怪，就不约而同地笑出来，以为那位同学叫错了。

就在这时，那位胖乎乎的同学回话了：“你医生有什么事？”

咦，刚刚一个“三明治”，现在又来了“你医生”，这到底怎么回事。

正当大家一头雾水的时候，老师笑着说话了：“各位同学，这位胖胖的同学叫张志铭，而那位小个子的同学叫睨毅升。因为普通话讲的不标准，把同学的名字说转了，所以，引起了笑话。”

听了这话，大家一下子就记住了这两位同学的名字。

又有一次，辛俞和一些同学在操场踢球。辛俞一不小心，把球踢到草丛里了，一位同学大叫：“金鱼，快追。”

一位老师听见了，说：“这里并没有金鱼，怎么叫金鱼捡球，真是太奇怪了！”

同学们指着辛俞说：“他叫辛俞，绰号叫金鱼。”这位老师这才恍然大悟。

我在一旁听了，忍不住哈哈大笑。

用绰号开玩笑没关系，但是，要先经过同学的同意，像胖猪、乌贼……这些不雅的绰号，千万不可乱取，要不然会自讨没趣的。

魅力解读

写故事，最重要的是要写出新意。老师和家长经常教导大家，不要给同学起绰号，本文的作者却有自己的看法。他认为取绰号开玩笑没关系，只要征得同学的同意，不乱取。取绰号可以增加同学之间的友谊，还能增添校园生活中的乐趣。看来，同一件事情，从不同的角度去多想想，就会得出新的结论。写故事也一样，不要人云亦云，要力求写出新东西。

换 位

姚晴怡

“哼，气死人了，气死人了，凭什么换嘛！”我一边嘟囔着，一边夹着书包，向我原来的位置走去。

“是男生很吵嘛，关我们什么事？我们女生只有个别人吵啊，只要把那些吵的男生和女生调一下位置，不就 OK 了吗？”有同学说。

事情是这样的，我班同学上课的纪律很差，老师煞费苦心，让我们跟自己喜欢的同伴成为同桌，为的是上课有一个好的纪律。老师如此开恩，大家暗暗窃喜，很快找好了自己的新同桌，并欢天喜地坐在新位置上。没想到老师的苦心并没起到作用，上课的纪律反而比原来差多了。有些男生干脆连上下课都不分了，在课堂上肆无忌惮地说话。有些女生，她们平时就很爱说话，到了上课时，不仅没有停下来，因为有了“臭味相投”的同桌，口水大战反而愈演愈烈了，真可谓“滔滔不绝”啊！无奈，老师一声令下，又要开始换位行动了。

真是一颗老鼠屎坏了一锅粥，不但那些“老鼠屎”要换位，害得我们这些良民也一起受牵连。

“我不想换嘛，老师，我可不可以不换？”我问。

"不行!"老师回答。

"可我喜欢和她们坐在一起嘛!"

"不行!"

"我肯定不说话了,我发誓!"

老师还是没有松口。

"老师,我知道您最好了,就让我在现在的位置上吧!"我继续哀求,天知道我是多么想留在现在的位置上啊。这回老师是吃了秤砣——铁了心了,任凭我怎样哀求,她也无动于衷。

唉,谁让我们太不懂得珍惜呢?老师让我们选择自己喜欢的同桌,是为了让我们可以更好地互相帮助,共同进步,我们却把老师的客气当成了理所应当,反而借此机会在课堂上大聊特聊,我们太不理解老师的苦心了。也罢,师命难违,吃一堑长一智吧。

无奈,我只好无比依恋地望了一眼我那坐了两个星期的位子,和前、后、左、右的邻居们握了握手,怅然到了新的位子。

惨啊!

魅力解读

人就是这样,当你拥有的时候,不觉得怎样,一旦失去了,才顿觉珍贵,此文就说明了这样一个道理,只不过作者是通过换座位这样一件令人遗憾的事讲述给读者的。故事写得很生动,心理描写细致入微,入情入理,真实地反映了部分同学的心态。

我真想不到

张文菁

我真想不到，焦丽竟是这样的人！

望着桌上的练笔本，我百思不解。她——焦丽，我们班上的留级生，在我们这群女生中，她除了那双眼睛还算明亮外，没有任何引人注目的地方。即使她那双眼睛，也因为常常垂着头的缘故，被那长长的睫毛盖住，人们很少能够看到她的眼神。上课时，她闷声不响地坐在教室的最后，从不主动举手发言。只有偶尔老师叫到她，她才站起来。这时，她总是低着头，手不断地摆弄着衣角，似乎羞于回答老师的提问。她也从不与任何人接近，平时，她总是独来独往，沉默寡言。

长期在一起学习，渐渐地我似乎对她有了一些了解。

那是这学期期中考试的前一天，因为第二天要考英语，我就去了外婆家，向在外语学校学习的表哥请教问题，晚饭后才回家。我走在路上，还在想着那几句“中译英”。这时，迎面走来一个瘦瘦的人影，哦，是她，焦丽。

“明天就要考英语了，快回家复习复习吧！”我知道她的英语不好，就善意地提醒她。

听了我的话，她咬了咬嘴唇，迸出一句话：“反正我已经是留级生了，还是散散步、散散心算了。”

从她的话语中，我似乎感觉到了什么。我一时也说不清楚。我渴望能了解这位同学的心灵。

一次偶然的机会，我在她的课桌上发现了她的练习簿。我知道她语文学得不错，文章写得挺好，就想看看她平时的小练笔都写了些什么。真是天赐良机，我竟从这里发现了我早想了解的她。

翻开第一页，就见上面抄录了一首雷抒雁的诗："少女时节，是花的季节，花的芳香，花的俊美以及花对果实的期待……"啊，焦丽，你也有自己的理想和追求。

我一页一页地翻看着，一篇题名《我》的短文深深地吸引了我。我慢慢地读着："我知道，由于我是一个留级生，同学们都不太愿意接近我。每天，我走在马路上，走进教室里，我遇到的几乎都是异样的眼光。没有一个人知道我是多么渴望友谊，多么渴望被人尊重，多么渴望被人理解，可是，这一切……虽然老师也关心我，帮助我，但他并不真正了解我。生活中，我孤独、寂寞，也许我正在损伤自己的心。有时，我也希望向同学们敞开自己的心扉，但一看到他们的目光，我就又固执地把自己心的门锁住了。现在，我的内心十分矛盾。我觉得，我最大的快乐，就是什么时候能把心灵之门打开，向同学们吐露自己的情怀……"

读了这篇短文，我陷入了沉思。真想不到，这位不合群的女同学心里竟隐藏着这样的痛苦。

我真想不到，那样一个不起眼的同学竟和我们每个人一样，有着丰富的感情、美好的愿望。

"唉，我真想不到……"我重重地叹息着。

魅力解读

故事中，作者写了一个"不起眼"的同学。作为一个留级生，她在自卑中自弃、自怨自艾，她渴望得到理解和尊重，屡遭挫折后，她又在无奈中把心扉锁紧。作者以"我真想不到"为题，揭示了人与人特别是与这种"不起眼"的同学之间的陌生感与隔阂感。主题很有意义，令人深思。

“战争遗址”

王　昌

魅力解读

同桌之间发生争吵是常有的事，用“战争遗址”“边境线”“国土”等词汇来描述同桌间的争吵，着实让人觉得有趣。另外，本文的动作描写特别生动，精彩之笔有两处：一处是“昂起头，挺着胸，渐渐向她的领地靠近”，这成功地再现了当时的“战争”是怎样进一步升级的；另一处是同桌“麻利地将笔套拧开……将红油吐在‘边境线’上……”使“战争遗址”——“红色边境线”的形成让人刻骨铭心。

我曾和同桌发生过一场不小的“战争”，这场“战争”的“遗址”现在依旧保存在桌子上。

那一天我记得很清楚，是全校收看奥运会火炬传递。当时，大家正安静地坐在椅子上看电视，看着看着，我的同桌兴奋地开始“摇滚”了，她的“摇滚”让我很不自在，我便带着愤怒的表情用胳膊撞了她一下。她瞅都不瞅我，就顺势用胳膊肘使劲来推我的胳膊，嘴里随即还发出“哼”的声音。这让我更加生气了，我狠狠地瞪了她一眼，昂起头，挺着胸，渐渐向她的领地靠近。

“战争”一触即发，我俩开始向对方发起猛攻。

我压低声音，用骂人的口吻说：“疯丫头！”

“你说什么？你这个该死的臭小子！”

经过一场音量小、唾沫多的战争后，她拿出了自己的杀手锏——红油笔，麻利地将笔套拧开，抽出笔芯，拆掉笔头，掐住另一端，用嘴使劲一吹，将红油吐在“边境线”上，然后，直起身，歪着脖子说：“气死你！气死你！”

折腾了一阵后，我只好败下阵来，最后，还将20平方厘米的“国土”割让给她。

事情并未结束。放学后，为了让我的“国土”不被她长期占领，我使劲擦拭那条不公平的“红色边境线”，可最终没能成功，成了“战争遗址”。

麻辣派之三：麻辣课堂餐

不知不觉，悦耳的铃声响了，下课了。空旷的操场上顿时沸腾起来，一阵阵爽朗的笑声打破了校园的宁静，只有我们班仍然那样寂静。班里的捣蛋鬼今天也都变成了沉默的羔羊，大家都静静地坐在自己的座位上，谁也没有出去。细细想来，我们班的同学从来没有这样沉默过。

从未有过的沉默

胡诗思

星期三那天，我们的英语老师布置了作业——以“Our School”为题，写一篇不少于五句话的短文。当时，我正在做作业，没有很在意英语老师的话，但我承认，我是听见了。可能是因为最近的作业太多，毕竟是毕业班了，每天晚上在家里都得熬夜，于是，我竟把英语作业给忘了。

次日早上，来到学校，当陈楹问起昨天的英语作业时，我才临时抱佛脚，慌忙拿起笔写了起来。我还没写完，早读课就开始了。

第二节是英语课，英语老师叫我们把昨天的作业拿出来。这时，我慌了，因为我还没写完。再看看同学们，原来很多同学也都忘了英语作业，而我比他们还好一些，因为我起码已经写了一部分。随着英语老师的催促，同学们都装着翻书包拿本子，也包括我，却没有一个同学交本子。

英语老师看透了我们的心思，脸色立刻晴转多云：“同学们，看来你们都还没写啊！”

教室里顿时变得鸦雀无声，因为确实没有一个同学已完成这次的作业。

英语老师继续往下说：“有谁写了，请举手！”

又是一片沉默。大家都东张西望，我也慌得左顾右盼。

突然，英语老师的语气加重了：“你们太令我失望了！一篇五句话的短文，最多几十个单词，居然没有一个人写。班干部，你们是怎么以身作则的？"

听了这话，同学们都不约而同地把目光投向了我。我把头低下了，因为我是一班之长。

"算了，你们爱做什么就做什么吧，不过，我要提醒你们，明天就要进行年级英语竞赛了，你们好自为之吧。"

英语老师肯定是气坏了，说完，她就走出了教室。听得出来，她的脚步没有以往的轻盈。

是啊，明天就要竞赛了！以往，我们班的英语成绩不太好，英语老师付出了太多的时间、精力和心血。我们居然连做作业这么普通的事情都完成不了，难怪她会生气。

英语老师走后，教室里静得出奇，连一根针掉到地上的声音都能听见。要是平时，如果老师不在，教室里早就炸开了锅，可如今，每个同学的心头都像压了块铅，沉重极了，就连我们班上的"开心果"王小东和"乌鸦嘴"刘梅都默不作声。

在寂静中，我把昨天的英语作业工工整整地写在作业本上，然后，就拿着本子望着窗外发呆。别的同学也一样。

不知不觉，悦耳的铃声响了，下课了。空旷的操场上顿时沸腾起来，一阵阵爽朗的笑声打破了校园的宁静，只有我们班仍然那样寂静。班里的捣蛋鬼今天都变成了沉默的羔羊，大家都静静地坐在自己的座位上，谁也没有出去。细细想来，我们班的同学从来没有这样沉默过。

魅力解读

读完这篇故事，我们能够感受到作者所在的班的同学深深的歉疚之情。本文选取了学校生活中的一件小事——全班同学都忘了写英语作业，具体写时，侧重写了课堂的气氛和人物的心理活动，描述细致入微，可圈可点。文贵情真，这是本文的出色之处。有了这样的忏悔和内疚，相信同学们的英语成绩一定能有大的提高。

变味的体育课

赵雅飞

盼呀盼，终于盼来了一堂体育课。校长——我们的体育老师（农村小学没有专业的体育老师），站在教室门口，大手一挥："到操场上自由活动。"

"哦——"同学们欢呼着跑出了教室。

如同出笼的小鸟，我们在操场上尽情地玩耍，跳绳、踢方格、掷沙包，校长则在一旁笑眯眯地看着我们玩。

我们正玩得开心，突然，一声大喝打破了欢乐的气氛："就知道玩！"原来是数学老师抱着一摞作业本气冲冲地过来了，"看看你们写的作业，错了多少题！"

听了这话，大家面面相觑，都呆立在那里。

"我念到谁的名字，谁就回教室重新写作业。"数学老师的脸板得像铁皮一样，"王薇，翟潇峰……"

被点名的同学看看校长，校长忙不迭地说："学习第一，把作业写完了再玩儿。"这些同学只好耷拉着脑袋拿着本子慢腾腾地回去了。一共有十几个同学"中奖"回班，数学老师发完"奖品"，余气未消地走了。剩下我们这些同学继续游戏，可已经提不起多少兴致了。

大家继续跳绳、踢方格、掷沙包。谁知，好

景不长，一会儿，又一声“霹雳”在我们的耳畔响起：“谁的课文还没背会？”是语文老师来了，他背着双手威严地扫视着我们，“没有背会的同学，回班背课文去！”

同学们你看看我，我看看你，于是，又有十几个同学恋恋不舍地走了。

校长还是站在老师的立场上说话：“学习第一，把课文背会了再玩儿。”

“等把课文背会了，也该下课了。”有同学小声嘀咕。

这时，操场上只剩下我们七八个同学，都是班上学习的佼佼者。对于我们这些同学，语文老师一改严肃的面容，微笑着对我们说：“你们玩吧，尽情地玩吧。”

可谁还有心思玩呀？我们也知趣地回教室了。

唉，这变味儿的体育课！

魅力解读

体育课本来是让同学们放松身心、强健体魄的时间，作者的体育课却被两次“晴天霹雳”震得支离破碎。这是一个比较沉重的话题，在读这篇故事的过程中，我们可以感受到作者无奈的心情。故事从一个侧面反映出农村小学学校教育的现状，读后，令人深思。

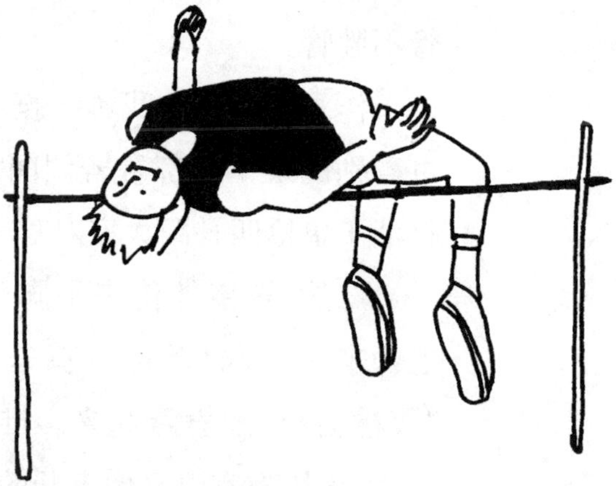

老师不在的时候

张国民

俗话说得好:“山中无老虎,猴子称大王。”没有老师的教室,就是我们这群“猴子”的天下。

这不,陈老师前脚刚走,教室里就立即热闹起来。几个调皮蛋“八仙过海,各显神通”,很快就把值日生捉弄得哭笑不得。班上的那些“活宝”“笑料”在教室里跑前跑后,并故意弄出点声响来,让别的同学什么事情也做不成,无奈,只能跟着他们瞎起哄。郑板桥曾说过“难得糊涂”,同学们则是“难得放肆”,这时候,就索性把作业抛开,与前后桌的同学或是聊天,或是玩游戏,大家的感觉真爽。

值日生无计可施,只得再三要求:“声音低点,声音低点!”可无济于事,叽叽喳喳,嘻嘻哈哈,教室里到处闹哄哄,乱糟糟,令人烦不胜烦,管不胜管。

作为班干部的我本想挺身而出,拍案而起,可看别的班干部都置若罔闻,优哉游哉,我也就打消了单枪匹马跟大家对着干的念头。

忽然,教室外传来了脚步声。大家以为陈老师来了,顿时教室里鸦雀无声,同学们又都“聚精会神”地学习起来。谁知,这声音往楼上去了,很快教室里又像煮开的水一样沸腾起来。

两个调皮蛋跑上讲台,他们模仿老师的语

调，怪声怪气地说："大家好，我们是夏老师和陈老师，从今天开始，同学们一周的课程是这样安排的：星期一，玩；星期二，玩；星期三，玩；星期四，同上；星期五，还是同上。大家有意见吗？"

"没有！"还真有不少同学异口同声地附和呢。

突然，教室后面传来一阵热烈的掌声，同学们都好奇地往后望去，想看看到底是哪个捣蛋鬼。大家不看则已，一看真是吓了一大跳——只见陈老师正在"津津有味"地"欣赏"我们的表演呢。他是什么时候进来的？同学们都只顾着高兴，竟然谁也没有注意到。

见同学们都在注视着自己，陈老师缓缓地走到讲台下，发话了："现在我授予讲台上的这两个同学最佳表演奖，待会儿请两位到我的办公室领奖。"

随着一声"砰"的关门声，陈老师走出了教室。渐渐缓过劲来的同学们都倒吸了一口凉气，大家面面相觑，却没有一个人说话。而那两个活宝则像霜打的茄子，有气无力地向办公室走去。

唉，我们就是再算计，也是一群"孙猴子"，永远也跳不出"如来佛"的手掌心啊。看来，当学生的最高境界，应当是老师在与不在一个样。

魅力解读

语言生动活泼，形象鲜明，是本文的突出特点。例如，"几个调皮蛋八仙过海，各显神通"，那两个调皮蛋跑上讲台，模仿老师的语调，讲的一通话，最后，老师的登场及幽默的话语。读着这样的句子，我们仿佛就置身其中，欣赏了这出有趣的表演。

虚惊一场

茅 凯

今天下午第二节是阅读课，我们正在默默地看书，忽然，赵老师气呼呼地冲进来，“啪”的一声巨响，一大摞课堂作业本横七竖八地散落在黄小竣的桌子上。一看这架势，我们就知道，准没好事。

赵老师给班上的张老师打了个招呼，就开始发话了：“今天上午课堂上做错的作业，在本子上订正五遍。昨天错了，今天也错了的同学，下午放学后留下。”

听着赵老师那斩钉截铁的口气，留下来的同学一定“必死无疑”。我的心不由得“怦怦”直跳，再加上赵老师说话时那锋利的目光直视着我，足足有五秒钟，我的心里开始发虚了。赵老师甩头走时，还不忘用余光狠狠地瞪了我一眼，我心想，这下我可彻底完了。

赵老师走后，我转念又一想：身为大丈夫，应当能屈能伸，不就是错了几道题目嘛，最多留下来听他再唠叨一遍那亘古不变的什么定律、公式、法则。唉，一想到这些，我就心烦，无奈，还是祈求老天爷保佑我能够顺利过关吧。

接下来，在张老师的眼皮底下，我以迅雷不及掩耳之势，偷偷地让人给黄小竣递了一张字条，上面是这样写的：“黄代表，有茅凯的作业本吗？速回。”

递出字条，我开始心神不宁，坐立不安。过了好一会儿，黄小竣才回了一张字条，上面写着两个鲜红的大字：没有。

啊，我的心终于回到了原位。这时，我不禁有些疑问：为什么赵老师要用那种眼光盯着我呢？难道我还有什么不对吗？

过了一会儿，本子发下来了，我才恍然大悟：原来是黄学兵的作业错得多，而他就坐在我的后面，赵老师盯的是他，而不是我。

我一拍脑门，原来是虚惊一场呀！

通过这事，我得出了一个宝贵的结论：不要被事物的表面现象所蒙蔽，要对自己有信心，相信自己，没错！

魅力解读

故事中，作者凭着敏感的直觉，用心去揣测老师不经意间流露出来的一个眼神、一个动作、一句话，心理描写细致入微，形象生动，通过此，用极其俏皮的文字向我们展示了人物害怕—紧张—恍然大悟的心理变化过程，表达很精彩。

倒立

石磊

要想学好倒立，可不是一件容易的事。世界冠军李宁在双杠比赛中倒立的动作那么潇洒那么自如，都是用心血和汗水换来的呀！现在，我也尝到了倒立的滋味。

那是星期二的体育课上，我们打乒乓球正打得起劲儿，赵老师要测试我们的倒立。顿时，我的心中像有十五只水桶打水——七上八下的，打乒乓球的兴奋劲儿一下子都腾云驾雾地飞走了。

轮到我了，我来到垫子上弯下腰，双手支撑地面，赵老师帮我把腿挂上去。可不知怎么的，我的手发软，腿发颤，我的头倒成了支柱。同学们看着我的样子，都笑得前俯后仰。终于，我再也支持不住了，头一歪，腿一横，“咕咚”一下，来了一个货真价实的后空翻，结结实实地摔在了垫子上。

“再来一次！”赵老师的话语很严肃。我竭力想做好这个动作，也许是我手臂的力量太弱，不管我怎么努力，都不行，不是头着地，就是翻“筋斗云”，把我弄得束手无策。

“你先看一会儿别人的动作，待会儿再做。”赵老师说。我的妈呀，今天是非过关不可呀！

接下来，赵军一纵身，就跃上了垫子。只见

他身子往后一仰，手臂一使劲儿，整个身子就倒悬在空中，就像一块磁石牢牢地吸住铁器一样，一动也不动，他的脚也似大钉一样，紧紧地挨着墙。一秒、两秒……他就这样坚持着。看到这里，我伸了伸舌头，暗地里叫绝。“时间到！”听到这话，赵军这才双脚一蹬，离开墙壁。

下面该沈小东做了。我以为他一身的肉，准会摔下来。等他做完以后，我才像从梦中惊醒似的，不由得跷起了大拇指。接着，陆一做完了，钱嘉陵也成功了。

“大家都成功了，我也一定要及格！”我暗暗下定决心。我再次蹲下，双臂用劲儿，咬牙坚持着。手越来越酸，身子越来越沉，眼看又要吃“零蛋”了，幸亏赵老师提了我一把，才使局面渐渐好转，才使我转危为安。

“时间到！”不知过了多长时间，我盼望的声音终于在耳边响起。这时，我没有欢呼，也没有蹦跳，只是静静地躺在垫子上，静静地享受着成功的喜悦。

倒立，我一直认为很难学的项目，今天，我终于尝到了成功的喜悦。

魅力解读

作者写了体育课上测试倒立的场面，行文中，主要抓住人物的动作进行描写。例如，“支撑”“挂”“横”“摔”等词语，写出了自己最初倒立时的情景；“纵身跃”“仰”“使劲”“倒悬”“吸住”等词语，写出了赵军同学的动作很熟练；“蹲下”“用劲”“咬牙”等词语写出了自己努力坚持，最终成功的情形。字里行间，还注意写观众的反应，如“同学们笑得前俯后仰”等，这些描写渲染了当时紧张而又热烈的气氛，读后，给人以身临其境、如闻其声的感觉。

都是“老鼠爱大米”惹的祸

杨晓宇

最近，在我们的音乐课上，发生了一件有趣的事。

上课了，同学们都跟着老师认真地学唱《西风的话》这首歌。这时，我感觉好像有人跑调了。仔细一听，原来是我旁边的两位“歌星”——杨璐、穆野，因为厌倦了音乐课单调的内容，便开起了小差，他俩正摇头晃脑地小声哼着流行歌曲——《老鼠爱大米》。虽然唱跑调了，他俩还在咿咿呀呀地唱着，其陶醉劲儿不亚于真歌星们那种“死去活来”的投入，但他们没敢大声唱出来，只是在嗓子眼里哼唱。看来，他们早已忘记了老师在上音乐课。

我立即向他俩发出红色报警信号：“你俩别哼哼了，好难听，赶紧跟着老师学新歌吧。”

他俩却满不在乎地小声回应：“关你什么事，咱们井水不犯河水。你走你的阳关道，我过我们的独木桥，你别狗拿耗子多管闲事了。”

我不但没有制服他俩，反而碰了一鼻子灰。唉，真是狗咬吕洞宾，不识好人心啊！一旦被老师发现了，他俩就吃不了兜着走吧。

正当我们小声嘀咕的时候，钢琴声突然停了下来，我立即意识到事情的严重性。果然不出我所料，音乐老师指着杨璐、穆野说：“你们俩站起来，把刚才学的歌曲《西风的话》给我唱一遍。”

他俩刚才只顾哼唱《老鼠爱大米》，哪知道老师教的歌曲怎样唱呢？刚开始时，他们默不作声，后来没办法，跟着老师的起头，他俩还是唱了，但没唱几句，就“掉线”了。那真是唱出了别样的味道——南腔北调，逗得同学们哄堂大笑。

老师更加生气了，声色俱厉地说：“我已经观察你们很久了，你们怎么一点反应都没有啊？”

他俩听了老师的话，觉得很没面子，脸都羞得红红的，既不敢抬头看老师，也不敢正视身边的同学们，简直后悔死了。

哼，都是自己找的，这才叫自作自受呢。

下课了，老师临走的时候还用刀子般的眼神看了杨璐和穆野一眼，让他俩感到浑身不舒服。

魅力解读

作者对两位特殊人物的语言、动作、表情和心理活动的描写极具代表性，体现了少年儿童的天性——好奇、擅长模仿、自主性差。更值得一提的是，同样是这两个人物，在不同的情境下，人物形象截然不同。哼唱流行歌曲时的兴奋不已，受到老师批评后的沉默，形成了鲜明的对比，使内容有起有伏，一波三折，丰富了故事的表现力。

班里装上了摄像头

曹旖云

糟了，今天迟到了，我匆匆推开教室门，教室里像炸开了锅似的吵极了。这是怎么回事？现在是早自修啊，班主任呢？

我很疑惑地来到座位上，同桌兴奋地告诉我："老师到现在还没来，而且班长也莫名其妙地失踪了！"

这对同学们来说的确是个好消息，怪不得大家敢这样明目张胆地做自己的事呢。有的同学昨天晚上没有写作业，现在正旁若无人地翻着同桌的作业本大抄特抄。有的女生正在大声讨论昨晚电视剧的内容，个个眉飞色舞。一些男生在玩游戏卡，桌子被他们拍得"啪啪"响，还有的干脆拿出陀螺到教室后面疯狂地抽打起来……

忽然，教室的门被推开了，教室里顿时鸦雀无声。抄作业的同学立刻把作业本合上；几个女生马上到自己的位置上坐好，眼观鼻，鼻观心，如老尼入定一般；正在玩的男生急急忙忙地把游戏卡往课桌里乱塞，陀螺也不管是否具有破坏力，统统一股脑地塞到屁股底下。没有想到，溜进来的竟是我们班的"猴子间谍"。大家愣了一下，便肆无忌惮地大笑起来。

"大家安静，听我说！""猴子"抓耳挠腮，嚷嚷起来，"班长和班主任到现在还没有踪影！"

"嘘……"教室里响起一片嘘声。"猴子"见自己的话未造成轰动效应，便悻悻地坐回座位上了。

大家继续忙碌，教室马上又变回了自由“市场”。

几个女生堂而皇之地把小说从昏暗的桌斗里摆到了明媚的阳光之下，津津有味地品咂。瞧，班上的捣蛋鬼从他的大口袋里拿出掌上游戏机，把音量最大化，引来了许多旁观者，他边玩边兴奋地大叫：“小子，敢打我？看招！”边上的几个男生不停地助威：“快，趁机，耶，赢了！”他们个个手舞足蹈，斗志昂扬。而我，找来几位好友，聊天，玩游戏。啊，前桌的同学还带来了大富翁游戏棋呢。

“我也要玩！”我跑过去抢了个位置，“哈，开始吧！”

突然，“哐当”一声巨响，班主任和班长一同“破门而入”。教室里顿时安静下来，我们手中的玩具还没来得及放下，就待在那里，大气也不敢喘上一口。

班主任脸色铁青，他发话了：“老师不在，你们就是这样表现的？”全班同学顿时如霜打的茄子，瘫倒在座位上。

众同学的脑海中同时闪过一个念头：“是谁出卖了我们？”

忽然，有人大叫一声：“看，摄像头！”

同学们的目光纷纷向天花板投去，顿时，一个个都目瞪口呆了。

班长告诉我们：“施老师和我故意晚来，看同学们的表现，摄像头发挥了作用，把你们都拍了下来。”

我的同桌愣住了：“没想到，没想到……”

我趴在桌子上自言自语：“这下惨了。”

一时间，教室里“哀鸿遍野”，那场景真是万般凄凉。

魅力解读

作者写了老师和班长晚来后班上同学的“众生百态”。其中，着力铺叙了同学们“胆大妄为”的情形：有的明目张胆地抄袭作业，有的眉飞色舞地谈论电视剧，有的无所顾忌地玩游戏机，还有的竟在教室里打起陀螺来。直到班主任和班长来到教室，这一切才戛然而止。最后，摄像头的发现，让同学们目瞪口呆。作者通过设置悬念、铺叙描写，使故事有起有伏，生动引人，读来趣味盎然。

我当监考小老师

陆碧瑛

当那种管理班级秩序的小老师，我是不屑一顾的，可如果让我当监考老师，那可是一份诱人的美差，毕竟，在我班的班史上，还没有哪个同学享受过如此的待遇。可喜啊，今天我就撞上了这个美差，怎能不让我兴奋。

上午第一节上课的铃声一响，陈老师就快步走进教室，准备进行语文测试。发卷时，只听教室里一片哀叹声。陈老师环视教室，突然语出惊人："今天，陆碧瑛来监考。"

我当时一愣，简直不敢相信自己的耳朵，只听见陈老师不耐烦地喊："快点呀！"

我猛然惊醒，收拾好自己的东西，惶恐不安地蹭上讲台，陈老师简单地交代了几句后，就匆匆而去，我的监考生涯就这样正式开始了。

本想这是一件悠闲无比、八面风光的好事，可惜，接下来出现的三个小插曲，让我品味了一回监考别样的滋味。

老师刚离去不久，第一场戏就拉开了帷幕。

许多同学都声称钢笔没有墨水了，我眼瞧着他们个个欲"图谋不轨"，眼睛斜视得厉害。我下意识地把自己的卷子遮盖好，再俯视下面的情况。我越瞧越生气，太不像话了，斜视、递条、窃窃私语……看来不杀鸡儆猴是不行了。

猛然，我大喝一声："施俊宇，你在干吗?"听到我厉声大喝，施俊宇赶忙正襟危坐，这一幕早被扭头看他的同学尽收眼底。那一刻，我见同学中有低头的，有脸红的，有身子一颤的……千姿百态，不胜枚举。这一招，让教室里安静了好一会儿，只听见一片奋笔疾书的"唰唰"声，一场闹剧收场了。

十多分钟后，第二个小插曲奏响了。

钱舒珉来到讲台前，干啥？拿卷，这让同学们惊讶不已。考试的时间都已经过去一半了，她这才来拿试卷，再写卷子还来得及吗？原来老师说过，只有写完习字册后才可以参加测试，而她磨蹭到现在才写完习字册。为了维持考试秩序，顺利完成任务，我用最快的速度把试卷塞到她的手里，悄声告诫她："抓紧时间，快下课了。"

又过了十几分钟，第三个插曲奏响了。

快下课时，猛地听见教室门外传来急促的敲门声，我一开门，立即探进来一颗英俊的脑袋，原来是令我们班的众多女生神魂颠倒的"校园超级大帅哥"——朱亦周。一刹那，全班女生的目光齐刷刷地聚焦到教室门口。我满腹狐疑：他来搅什么浑水？哪知他把手一伸，面不改色心不跳地说："把数学陆老师的包拿来！"这句话仿佛是一枚炸弹，在教室里轰然炸响了。

唯恐天下不乱的几个同学立刻趁机捣乱。"班宝"汪晓强拍着桌子大叫："抢劫啊！"男生一齐哄场，女生作壁上观。我只得"呼"的一声站起来，一边厉声断喝："看谁敢吵，课后我告死他!”一边忙把包递给朱亦周,推他出门。好一会儿,教室里才静了下来。

几天后,考试成绩公布了,天啊,我只考了92分。要知道,在班里,我的语文成绩向来是“大姐大”,这次“名落孙山”,全是“美差”惹的祸。不过,令我欣慰的是,监考实在是太爽了。没有想到,还诞生了此篇习作,也算是对得起手中这份回家吃“竹笋烤肉”的试卷。

魅力解读

作者用颇为风趣的语言描述了一场没有老师监考的考试,内容有趣,具有浓郁的校园生活气息。其中,奋笔疾书、眼睛斜视、“图谋不轨”、哄堂大笑、捣蛋鬼趁机闹事、“唯恐天下不乱”等描述,把考场上的气氛很逼真地表现了出来。题材虽不算很新,但突出了“监考”二字,角度很新颖,表现出同学们鲜明的个性。

麻辣派之四：麻辣成长路

这段日子，我们班上接连刮起了几轮二十四级的流行风暴。这几轮流行风暴来势凶猛，威力巨大，把男生女生、成绩好的成绩差的，个个刮得神魂颠倒，找不着北了。

恼人的流行风

张胜天

这段日子，我们班上接连刮起了几轮二十四级的流行风暴。这几轮流行风暴来势凶猛，威力巨大，把男生女生、成绩好的成绩差的，个个刮得神魂颠倒，找不着北了。

首先刮起的，是集卡风暴。所谓的集卡，就是把买来的卡片聚集起来，然后，分类存放。一般分五类：普通卡、超级卡、进化卡、能量卡和徽章卡。

最迷这些东西的是男孩子，因为这些卡上面尽是男孩子喜欢的动漫人物，像机器猫啦、数码宝贝啦、神奇宝贝啦，还有水浒人物、三国人物、西游记人物，等等，这些动漫人物形象新颖、可人，同学们爱不释手。一放学，大家便一窝蜂拥到小摊前、小店里，淘这些东西。

有了这些宝贝，上课也不想听讲了，作业也没心思完成了。老师知道了，下令全部没收。可收了这批，同学们又买了那批，真可谓“卡片收不尽，入店吹又生”啊。

男生玩集卡，女生也没闲着，只不过她们流行的东西文雅多了。下课后，午休时，女生们个个端坐在座位上，半步都不迈，人手一本书，看得专心致志，看得如饥似渴。

你可别以为这些女生是在看语文书、数学

书或是英语书，也别以为她们是在看安徒生、雨果、巴尔扎克。走近一看，你会明白，女生看的书，书名都一样：《淘气包马小跳》。

唉，学谁不好，偏要学那个淘气包，难怪老师要生气了。上课了，老师发问，男生女生，大眼瞪小眼，谁也答不出来，简直把老师给气惨了。

唉，这恼人的流行风！

魅力解读

太平洋刮台风，校园里面也刮风。有点风吹吹，本来也不是什么坏事，但风力太猛，就有些不妙了。倒是作者占了点小便宜，人家疯玩他观察，人家发呆他动笔。只一篇短故事，就把同学们的疯劲儿表现得淋漓尽致，读后，想不服都不行。

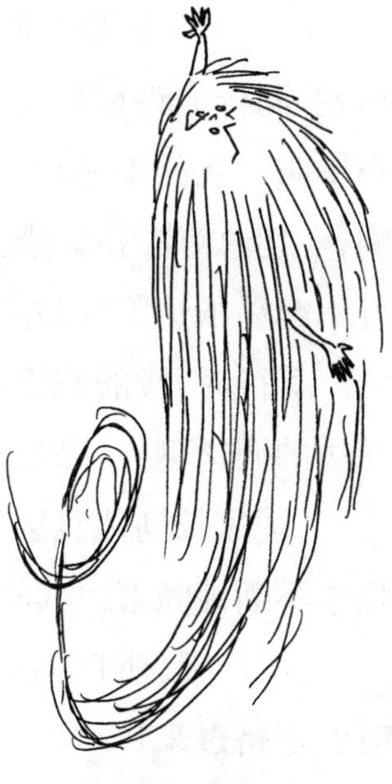

新版范进中举

陆冰蕾

5 月 1 日　晴

为了我们区中心小学的学生跨进市外国语学校(以下简称“市外”)的门槛有零的突破，我们自然得加倍努力。

四月份的体测，我们学校有六人轻松过关，又经历了一段时间超强度的超级考练，终于等到了今天——5 月 1 日，“市外”语言学习能力测试的日子。

考试的时间在下午。

一个上午转瞬即逝。午饭后，下楼，上车，刚要出发，同行的许婷婷提到了准考证。“哎呀！”我一声惨叫，“我的准考证！”爸爸立即冲回到楼上……啊，一切总算准备就绪。一路上，红灯似乎特别多，好不容易抵达了“市外”。

等待时，我的心里还是有点儿紧张，就一直和旁边的同学聊天，以缓解压力。

“请家长到休息区等候，不要挤在门口了！”广播里不断地喊着。其间，妈妈又钻了进来。

“听广播，听广播！”我朝她挥挥手，“你听到没有？还挤过来！”

下午一点四十分，考试开始。听着广播，我开始放松，把重点记了下来，接下来，发了材料(二)和

材料(三)。材料(三)简单易懂,材料(二)就复杂多了。

我正在研究(二)中最难的一题,还没想透,老师就开始收材料了。就在这最后的几秒钟,我的脑子突然开窍了,是“进制数”,这正是叶老师前几天给我们讲过的内容。

卷子发下来了,我欣喜若狂,没错,就是“进制数”嘛。交卷后,我听到老师说清场,以为要换个教室,去参加这几天我在家恶补的所谓的“小语种”测试。没人告诉我们去哪,我就跟着前边的人走啊走,走得心里发毛发虚。要知道,这可是我的弱项啊。

谁知道,三拐四拐就看见了大门,不少人已纷纷涌出。啊,考完了?我虽然有点儿不敢相信,但还是一个箭步冲出门去。

“喂,叶老师,你实在太聪明了,实在太帅了,你怎么那么厉害呢?竟然会猜到这次要考‘进制数’。”我一把夺过妈妈的手机,拨通了叶老师的电话,“哦,叶老师,我太爱你了,你太棒了!”

嘿嘿,今天天气不错,我的心情也不错。

5月2日　晴

昨天从考场出来,自我感觉良好。

在回家的路上,我把整个考试的过程翻来覆去地“背”了三遍。老爸似乎比我还要自信,他乐颠颠地说:“看来真的大有希望了。”

“且慢!”老妈很是不以为然,“别想得太美!你觉得简单,别人也会觉得简单。自我感觉太好的人，往往要失算的，悠着点吧。”

我的兴致并没有被妈妈的一盆冷水浇灭，我在心里暗想：“明天晚上就会见分晓了。”

上午和妈妈去农业园玩，下午一点多才回家。我看书，妈妈睡午觉。一会儿，爸爸回来了，一进门就嚷嚷：“打开电脑，打开电脑。”

妈妈被吵醒了：“早着呢，据说最快要到晚上10点以后才公布录取名单。”

“打开，打开，陆冰蕾，快开电脑！”爸爸似乎确信我已考上了。当然，我也能确定爸爸喝高了。其实，我刚才已开过电脑了，“市外”的网站上没有相关的新告示。酒精的威力确实不小，不到两分钟，爸爸就在沙发上打起了呼噜。

不一会儿，金老师来了，带来了消息：她的侄子已确认考上了。于是，妈妈盯着电脑屏幕不眨眼了。我紧张得跑到客厅看电视去了，耳朵却仔细搜索着书房里的动静：她们好像不停地在打电话，也不知道打给谁。

下午五点多钟时，“啊——”书房里传来金老师的尖叫声，“蕾蕾——”我蹦起来，爸爸跳起来，我们一齐冲进书房。

金老师狠狠地抱住了我：“啊——哈哈——你考上了！”

“快打电话，快打电话！”妈妈嚷嚷道。

“再确认一下。”这时，爸爸反而谨慎了。

退出网站，重新进，点击，“陆冰蕾”三个字赫然在目，爸爸、妈妈、金老师的电话都快要打爆了。

我溜回房间，狠命地掐了掐自己的脸，好痛哦！

5月5日　多云

5月3日，是我和小伙伴早就约好的去动漫节现场玩的日子，我们疯玩了一天。

5月4日，我一直睡到中午。妈妈突然想起了什么，紧张地说："蕾蕾，下午要听磁带，练外语听力了。笔试没有考外语，口试肯定要考了。"

天哪，不会吧？我撅着嘴正想开口，爸爸抢着说："女儿，别紧张。爸爸问过了，口试基本上是一比一录取的，不用准备。再说，要是口试都不能通过，就不用到'市外'去读书了。"嘿嘿，还是爸爸英明，那就继续放松喽。

今天是5号，我们提前两小时就来到了学校，把校园逛了个遍。爸爸妈妈见到谁，都微笑着朝他们点头致意。

广播又响了。

我们排队来到大厅，按分发的号码再抽签，决定考场和考试的批次，等候的同学可以看动画片《快乐大脚》。我抽到第三批，就和旁边的同学聊天。不一会儿，就轮到我了。

考试是二对一的，一个考官领读，我跟读，另一个考官打分。考的的确是外语，也的确很简单，不到两分钟就完了。

出门时，我就拿到了通知单，凭此通知单，明天就能换正式的录取通知书了。

至此，我才确定，我真的加入"市外"大家庭了。

魅力解读

好的题目就等于成功了一半，一看这个颇有新意的题目，就让人眼前一亮，产生了读下去的强烈欲望。从故事中可以感受到，作者一定是一个博览群书的好学生，因为厚积才能薄发嘛。本文在人物的语言、神态、动作和心理描写方面都非常生动，而且细腻，是一篇视角独特、有新鲜感的文章。

惊心动魄的 30 分钟

吴尹悦

学了《海伦·凯勒》这篇文章后，老师给我们布置了一项特别作业——30 分钟黑暗体验。原以为这项作业很简单，真正付诸行动后，我才体验到什么叫“惊心动魄”。

晚上做完作业，我便和妈妈一起把家里的灯都关掉，还拉上了厚厚的窗帘。妈妈故意用颤抖的声音对我说：“儿子，从现在开始进入 30 分钟的黑暗倒计时。”

我不以为然地说：“妈妈，你出去吧，我可不是胆小鬼。”妈妈一走，我顿时觉得屋里静得有些可怕，在心里念叨着：“不怕，不怕，我是顶天立地的男子汉。”

刚开始，我的眼睛还不怎么适应黑暗的环境，眼前一片漆黑，看不见任何东西，我便摸索着踱步。突然，我的手碰到了一个软软的、滑滑的东西，我心里一惊，开始慢慢地很小心地摸索这件物品，仔细地体会它的形状、质地，啊，原来是我们家的大沙发。我坐了上去，眼睛也慢慢地适应了房间里的光线，房间里家具的轮廓也渐渐有了些模糊的影子，我准备在沙发上度过接下来的“漫漫”黑夜。

一会儿，一阵微风吹过，厚厚的窗帘动了起来。我大惊失色，从沙发上跳了起来，心想：“窗户不是都关上了吗？窗帘怎么会动？莫非……”我不敢想下去了，紧张得心“怦怦”直跳。我壮了壮胆子，蹑手蹑脚地走到窗户边，把窗帘里里外外查看了一遍，什么也没发现，只感觉有阵阵凉风吹过，再一看，窗户有一条缝。这下我明白了，原来是风在作怪，真是虚惊了一场。

刚想继续坐下，我听到房门外传来“吱吱、咔嚓”声，声音轻轻的，细细的。究竟是什么声音？我把耳朵贴在门上仔细地听了起来。声音确确实实是从门那边传来的，我平时可从来没听过呀。这神秘的声音让我浑身起了鸡皮疙瘩，我呆呆地站在那儿，再也不敢坐下。那些模糊的影子在我眼前晃动起来，晃得我心惊肉跳。“滴答、滴答”，挂钟慢条斯理地响着，30 分钟怎么这样漫长呀？

时间慢慢地流动，估计到了 30 分钟，我舒了一口气。

突然，一只手用力拍了拍我的肩膀：“好了，30 分钟到了。”我连忙打开电灯，原来是老妈，她是怎么进来的，我一点也不知道，这一拍竟把我拍倒在沙发上。我用手捂着胸口，对妈妈说：“你吓死我了！”

“哈哈哈，想知道什么叫胆小如鼠吗？瞧，爸爸给你买回了两只小仓鼠。”啊，原来那“吱吱”声是小仓鼠发出的。唉，我的老爸，你早不回来，晚不回来，偏偏在我体验的时候回来，不是存心逗我玩吗？

现在，我终于明白，看不到光明是多么可怕。才半个小时的黑暗体验，就让我心惊胆战，而很多盲人却一生见不到光明，那是怎样的痛苦呀？我们真应该给他们送去更多的关爱。

魅力解读

唯有切身的体验，才会有如此真切的表达。故事中，作者将自己的心理活动写得惟妙惟肖，句句都是真情流露。既要清楚地记录体验的经过，更要表达体验的独特感受，行文中，作者较好地做到了这两点，内容读来真实可信，生动感人。

放学众生相

左 熹

“丁零零……”下课铃扯着嗓门大叫起来。“喔,回家喽!”众学友仿佛屁股被针扎了似的,不约而同地踢开凳子,抓起书包,向外冲去。

“都给我回来,谁说放学了?”众学友抬头,只见老师正凶神恶煞般地从走廊那头走来。

尽管教室外人山人海,但是教室里,老师却装作浑然不知的样子,依然口若悬河地在布置家庭作业。

领教完老师的“口水神功”,众学友边跑边放声高歌:“我们解放了!”

我和同桌潇潇一走下教学楼,就立刻欣赏到极为壮观的景象。

一年级各班的门前站满了来接孩子的家长。有位家长,脖子伸得赛过长颈鹿,嘴巴张得胜过河马。

只见一位老婆婆抓着一位学友问:“妹儿,一年级二班在哪里?”

那位学友似乎被这个老太太的热情吓着了,急忙溜之大吉,惹得那老婆婆不断叹气:“唉,现在的孩子怎么这样?”

终于,一年级一班的教室门开了,一位过于肥胖的妈妈第一个冲了上去,抱起一个小女孩:“幺儿,妈妈今天带你去吃肯德基。”接着,又是亲又是抱，仿佛很久没见面似的。其他的家长也都欣喜若狂，拉着自己的孩子嘘寒问暖，真是可怜天下父母心。

一出了校门，我就被潇潇拉到卖零食的小摊前。摊主们个个喜笑颜开，春风满面。

“哎哟，小朋友，要点什么？”一位老太太扭着屁股从屋里出来了。她见我们在挑选，就急忙介绍：“这个臭干子是新来的货，还有，这个牛板筋也很好吃……”

谁知，潇潇竟挤出一句：“我们不买了。”

听了这话，这个老太太金光四射的眼睛一下子变得暗淡无光：“不买，就别看嘛！呸，呸，呸，真不吉利。”

这句话像是利剑似的深深地刺进了潇潇的心里。“哼，谁说我们不买了！”潇潇拿出钱包，咬咬牙，买了一包臭干子。那个老太太收了钱，得意极了，又扭着屁股进屋去了。我真为潇潇的五毛钱惋惜。

告别了潇潇，我终于可以回家了。这时，我的目光扫到了一些校友的身上。你看张三，他正恭恭敬敬地待在油炸串串的摊前，一个劲儿地叫老板多放点辣椒，一手还拿着一串沾满辣椒末的鸡肉串，辣得他的嘴巴“咝咝”直响；再看李四，他跟着几个“死党”，一路有说有笑；最后，看看王二麻子，他坐在小吃店里，跷着二郎腿，手上拿着十多串串串，嘴里津津有味地嚼着，还含糊不清地说：“好辣啊……”

不知不觉地，我到家了。

魅力解读

对于学生而言，上学、放学是每天都发生的事情，作者却能从中挖掘出新鲜的写作材料，并运用个性化的语言进行形象的描述，通过此，将老师、学生、家长、校外小商贩的形象刻画得淋漓尽致，这是作者用心观察生活、从生活中挖掘素材的结果。选材新颖，语言生动，内容真实，人物形象鲜活。

聪明反被聪明误

汤　蕾

“聪明反被聪明误”，今天，我是实实在在地体会了这句话的意思。

早上，我去老师办公室交作业。经过语文刘老师的办公桌时，我无意间瞄了一眼，嘿，前几天交的作文已经批改好了。刘老师还是按照老规矩分两叠放置——上面横着摆放的是写得好的，下面竖着摆放的则是需要修改的。

趁办公室没人，我以迅雷不及掩耳之势翻看了一遍。完了完了，这横着放的作文本中怎么没有我的呀，我可是大家眼中的“小作家”呀！想着我的美誉即将不保，想着鲜艳的小红花即将与我失之交臂，想着我的“对头”即将对我露出胜利的微笑，我的心里乱极了。怎么办？有了，反正办公室没其他人，我迅速地抽出我的作文本，把它塞到横着摆放的一摞里，嘀，大功告成！

在回教室的路上，我想着“失而复得”的小红花，心里别提有多高兴了。要知道我如果再集上一朵小红花，就可以从老师那换回一张喜报了。

盼呀盼呀，语文课终于来到了。只见刘老师精神抖擞地走进教室，满脸欢笑地说：“这次的作文同学们都写出了自己的真实情感，写得好的同学也比较多，他们是岳中天、凌李佳……”

咦，老师怎么拿起竖着摆放的作文本念起名字来了？

我忍不住了，举起手说：“老师，平时横着摆放的作文才是好的呀！”

“啊，我有这个习惯吗？”刘老师自言自语地回答。

天啊，老师啊老师，平常你不都这样摆放吗？今天怎么乱了套了？我后悔地直跺脚，没想到刘老师接着又说：“没念到名字的同学回家重写！”

一听这话，我差点晕过去。

唉，这真是“偷鸡不成蚀把米”，聪明反被聪明误呀！

魅力解读

这种弄巧成拙的事情可能别的同学也经历过，作者不仅捕捉到了，还用生动有趣的语言、细致入微的描写将自己的心理活动刻画得活灵活现、趣味盎然，使读者忍俊不禁。材料新鲜，语言活泼，情节曲折，内容有趣，从一个独特的角度反映出同学们多彩的学习生活。

难忘那一次家教

路曼曼

去年暑假，爸爸妈妈看见许多家长都把自家的孩子送进了家教班，也就毫不犹豫地把我也送了进去。

第一次去家教班的时候，我心里没底，因为听妈妈说，家教班的老师对学生要求很严。虽然我每科的成绩都很不错，心里还是有点儿忐忑不安。

家教老师是一对夫妻，男的细高个儿，擅长琴棋书画，教我们语文，女的中等个儿，略微胖点儿，教我们数学。两个人看上去都很和善，可我还是担心上课的时候，他们会变脸。

第一节是作文课，老师布置好题目，便出去吃早饭了。老师一走，同学们便在教室里叽叽喳喳地讨论开了。过了一个小时，老师还没有回来，大家便在教室里玩了起来。想到妈妈用上夜班熬出来的钱让我补习，我便自觉地伏在桌上，开始温习爸爸曾经教过我的作文，但是，看到同学们玩得那么开心，我也不由自主地跟他们一起玩了起来。过了好一会儿，老师终于回来了，大家慌忙各回各位。

第二节课，老师说："要检查作文了。"

这时，好多同学才意识到还没有写。

只听老师说："没写好的抄一篇作文，看看

人家是怎么写的,写好的让我看看有没有达到要求。”

接着,另一个老师给我们上数学课。

数学老师面前是一张简易讲台,上面摆了一大堆书,黑板是复合板漆成的,老师讲课时很少写字。她开始时讲二年级的内容,其他年级的同学都在玩,老师仍在不停地讲,接着,讲到三年级的内容,学生们还是有的在听,有的在玩。我上五年级了,也许这个班里五年级的人少吧,老师讲得飞快,我听得糊里糊涂,不懂的地方刚想举手问老师,老师已经开始讲六年级的课了。

中午快放学的时候,好多家长已站在门外等着接孩子,这时,语文老师开始领读课文,他强调要读得有精神,有气势。朗朗的读书声从教室里飞出,我看到窗外每一个家长的脸上都漾起了笑容。我想,他们也许从这声音中听到了希望吧。

这样的家教补习班,大家似乎都认可了,我却有一种说不出的滋味,因为我总感觉到,上了这个家教补习班之后,会的我本来就会,不会的我依然不会。我真想为父母节省一些钱,又怕看到父母失望的眼神。于是,那一个暑假,我只好天天这样“上学”。

唉,这是一个什么样的家教补习啊!

魅力解读

这篇故事最大的特点是,叙述有条有理,心理描写细腻。作者详细叙述了自己在家教补习班学习的经历,由于现实和最初的期望形成极大的反差,作者产生了一系列的矛盾心理。行文中,心理描写鲜活生动,让我们深切体会到这次的家教补习经历对作者的深刻影响。

来信的故事

刘逸尘

最近，我的心情非常好，因为有两篇作文陆续在报纸上发表了，这样，我又可以在同学面前露露脸了。

路过学校的门卫室时，那个笑容可掬的老爷爷喊住我，递给我五六封信。陌生的笔迹，陌生的落款，有的地址处还神秘兮兮地写上“内详”，我的呼吸顿时急促起来。

我知道这些都是看到我文章的读者写来的，我迫不及待地拆开一个蓝色信封，手竟有些抖了。信是用钢笔写的，字不漂亮，却很认真：“拜读了你的作品，出于对你文章的喜欢，我给你写了这封信，但愿你不要因为我是男生而紧张得心跳……”

信写得很坦诚，谈了他对友谊和人生的看法。信很长，整整三页纸。我的心跳得极快，有些害怕，有些兴奋，有些茫然。一个素昧平生的人，只因我一篇小小的文章而写来长长的信，告诉我他的感受、他的秘密，怎能不让我生出许多的感动？

放学回到家里，我的第一件事就是接着看信。我把这几封信整齐地摊在桌子上，一一看起来。一会儿，外公外婆戴着老花镜过来凑热闹。

外公咧着透风的嘴笑道："你还真不简单，有这么多人给你写信。"

外婆看了一会儿，起身去烧饭，她一边淘米一边嘟哝："这些小孩子都是吃饱饭没事做了。"

鉴于"事态的严重性"，父母回来后，我就极老实地把信一一呈上。他们一边读信一边忍不住抿嘴笑，我却想不出信中有什么滑稽的话。

"他们都要求你回信，交个朋友，你准不准备回信?"父亲站起身来说。明明是一个问句，父亲却说得满是否定的语气。

"千万不要回信。"外婆看上去担心极了，"现在，有些男孩子太让人担心了。"

"这些孩子倒也不见得是坏人，有的还蛮有思想，只是你回了信，他又写来，没完没了，怎么行？要花费你很多时间的，万一惹出些什么麻烦。唉，你才12岁。"母亲说得很婉转。

我没有说话。

第二天，我把写好的两封回信投进了邮筒。在信中，我感谢他们的坦诚，也感谢他们对我的鼓励。投信的时候，我有一点儿犹豫，也有几分惶恐，但更多的是自信。我想，我能把握住自己，毕竟我已经12岁了。

魅力解读

青春年少故事多。故事以读者来信作为起因，接着，详细地写了"我"看信时的复杂心情，以及周围的人——外公、外婆，爸爸、妈妈对来信事件的敏感反应，结尾写"我"理性、自信地把握自己，回复来信。选材新颖，描写细致，借助于对事件生动的描述，将正在成长中的"我"的自信展现在读者面前。

记一段难忘的经历

汪晓雯

“哟，梨子大衣人人爱，赶明儿穿件西瓜大衣来！”在教室里，淘气的邓军大声喊着，我都要急哭了，心想，张老师怎么还不来呢。

事情是这样的，我今天穿了件呢子大衣，来到学校，大家都围过来看，因为“呢”和“梨”字音相近，邓军就说我穿的是梨子大衣。

啊，张老师终于来了。他阴沉着脸，问明原因后，便把邓军叫走了，我得意地昂起了头。我是班上的数学冠军，谁得罪了我，张老师就罚谁。邓军被张老师罚了，罚他做50遍作业。哼，这就叫自讨苦吃，不过，我又觉得张老师这样做，有些过火了。

平时，张老师总偏向我，不是个别辅导，就是不让我参加大扫除。时间长了，同学们对我越来越反感。我就像一只失群的雁，孤独地飞来飞去，苦恼极了。

一次，张老师家访，向我妈妈说了许多我的好话。说我的学习优异，爱帮助同学，劳动积极，等等，他说了一大堆，三辆卡车也拉不完。张老师说我学习好，这倒也是，我的门门功课都在95分以上。可说我帮助同学，爱劳动，这是从没有的事。张老师还说：“她现在担子重呀，在家里您少让她做点事，将来她考上了重点中学，咱们脸上也有光嘛！”

什么？不让我在学校参加劳动，在家里也不让我做家务？不行！我真正感受到老师偏向我的苦恼，我实在憋不住了，就低着头来到张老师面前，红着脸对张老师说：“老师，我向您提个意见。”

张老师听了我的话，惊得眼镜都从鼻梁上滑了下来，他忙用食指扶了上去，因为他压根儿没想到我这个好同学会向他提意见。

我的脸红得更厉害了，手不停地绞着衣角，但我还是鼓足勇气说了下去：“您不应该偏向学习好的学生，您是老师，还应该帮助学习成绩差的学生。还有，学生做了错事，应该教育他们改正，不应该动不动就罚做作业。”

妈妈在一旁听了，伸手要打我。张老师连忙拦住妈妈，他轻轻地抚摸着我的头，想了想，语重心长地说：“你说得对，我还不如你想得周到呢。”

“老师，您不怪我吗？”我哭了，也不知是为什么。

从那以后，我又回到了雁群。看，我和大家一起说说笑笑，像亲姐弟似的；张老师耐心地帮助差生补习功课，差生的脸上充满了微笑；我参加了热火朝天的集体劳动，张老师在一旁给我鼓劲。

现在，我感到了集体的温暖，我想，张老师也一定会打心眼里开心吧！

魅力解读

这是一篇反映师生关系，特别是反映老师和优秀学生之间的关系的故事。因为“我”是优秀学生，所以，老师总是偏爱“我”。对老师的过分偏爱，“我”先是得意，继而苦恼，最终向老师提出了意见。本以为自己的举动会使老师生气，没有想到，老师接受了“我”的意见，并很快改变了自己的做法，于是，“我”感到了集体的温暖，张老师也打心眼里开心。本文主次分明，重点突出，紧紧围绕“难忘的经历”来写，一气呵成，具有很强的表现力。

“宝贝儿”

张 媛

“哎呀，宝贝儿，该起床了！”随着叫声，我睁开了蒙眬的睡眼。像以往一样，表针正好指向七点半。妈妈一手抚摸着我的头，一手拿着我要穿的衣服，坐在床旁。“好媛媛，穿衣服吧！”说着，妈妈替我穿好衣服，帮我洗了脸。

接着，妈妈端来早饭。照例是一杯热牛奶，一包饼干，外加一把“大白兔”。

“宝贝儿，不早了，该上学了！”说完，妈妈把已经整理好的书包背在自己身上，拉着我向学校走去。

“宝贝儿，在学校，上楼时可要留神呀，要不，摔下来，可就没命了！上课时……”

“好了好了，妈，人家早就背下来了，您就别说了！”我不耐烦了，夺下书包，拔腿便跑。

“哎，我的宝贝儿，别跑那么快，要不……”

我捂着耳朵，一口气跑到学校。

第一节是作文课，老师出的题目是《我学会了××》。我托着腮苦苦地思索着：生活中，我学会了做什么呢？洗脸？梳头？这谁不会呀？我都 11 岁了，只会洗脸、梳头，说出来多让同学笑话呀！那么，做饭，洗衣服呢？我从来没干过。

我正想着，同桌递来一张纸条。我打开一

看，鼻子都气歪了。只见纸条上写着："哎哟，我的小宝贝儿，快来，妈妈给你写这篇作文！"我再一看同桌，他正一本正经地写作文呢。

好不容易熬到放学了，我拎起书包就往楼下跑，忽然，背后传来怪声怪气的话："哎，我的宝贝儿，别跑那么快，要不……"我回头一看，同桌正捏着鼻子，在楼道里出我的洋相。同学们听了，哄堂大笑，我的脸上却红一阵白一阵的。

我怒气冲冲地跑出学校的大门，迎面撞上妈妈。我立刻把一肚子怒气发泄到妈妈身上："都怪你，都怪你！"我大声吼道。

"哎呀，这是怎么了，宝贝儿？你发这么大脾气？"妈妈惊讶地望着我。

"都怪你，你干吗要陪我上学？你干吗当着同学的面，叫我宝贝儿？你干吗……害得同学们都笑话我，瞧不起我！"

"哎呀，宝贝儿，我当是什么事呢？别理他们，来吃糖吧！"

"嗯！"我闷闷不乐地跟着妈妈向家里走去。

下午，妈妈上班去了，我不上学，她照例把门反锁上。桌上堆满了好吃的，可我连看都懒得看，上午发生的事像放电影一样在我眼前浮现。我仿佛看到，妈妈用糖果、点心哄我高兴；为了不使我有危险，用淹死、被人骗走来阻止我出去玩。唉，这么好的一个下午，我只能隔着玻璃窗，望着湛蓝的天空，望着天空中自由翱翔的雄鹰，叹息了。

魅力解读

故事中，作者写了自己一天的经历，字里行间充满了对妈妈无微不至的关怀的反感和无奈，由此提出了一个比较严肃的社会问题：在父母的娇宠和溺爱下长大的孩子，只能在对自立、自由的渴求中，变得孤独、脆弱、无能为力。故事表达了作者不甘心做"宝贝儿"，渴望自强自立的愿望和决心。

我成长中的一件事

于 歌

生活中，我做过许多好事，也做过不少错事。特别是前年发生的那件事，在我的脑海里一直不能抹去。现在想起来，我仍然后悔莫及。

我们学校附近有一家电子游戏厅。一次放学后，同学告诉我，说那里的游戏种类很多，很好玩，好奇心使我走进了这家游戏厅。正好兜里有3元钱，我就买了几个游戏币，玩了起来。

谁知这一玩，就上了瘾，我被游戏机深深地吸引住了，我不愿离开了。不一会儿，几个游戏币就被我用完了。

老板说："小朋友，没钱了吧？没关系，先欠着，以后再还。"听了老板的话，我不假思索地又玩了起来。

那天，我回家很晚。妈妈问我怎么回事，我撒谎说："今天我值日，所以，回来晚了。"

第二天上课，我的精力再也集中不起来了，心里总想着昨天玩的游戏。老师讲的课，我全听不进去。

放学后，经过电子游戏厅时，我脚步不由得停了下来。游戏厅的老板好像看出了我的心思，说："小朋友，还想玩吗？没有钱是不是？没关系，先欠着，以后再还。"

电子游戏的吸引力实在太大了，我又玩到

了很晚。虽然玩得很爽，但欠的钱怎么还呢?我犯愁了。

回家后，我对妈妈说:“妈妈，我们班的同学王明得了白血病，需要用很多钱，班里动员大家都出一份儿力，凑些钱给他，我想……”

“好哇，我儿子长大了，知道做好事了。”妈妈说着，从包里拿出 50 元钱，还说不够了再给。

我真是既高兴又难过。高兴的是，欠游戏厅老板的钱可以还了，还能剩下点儿;难过的是，我欺骗了妈妈，善良的妈妈被蒙在鼓里，还以为我是做好事呢。

从此以后，我上课不注意听讲，做作业马马虎虎，学习成绩直线下降，期中考试，我的数学才考了 64 分。老师感到我出了问题，便打电话给我妈妈。妈妈在了解情况时，还向老师问起王明同学的病好了没有，这下真相大白了。

妈妈和老师都对我进行了批评教育，我流下了后悔的眼泪。妈妈和老师是那样关心我，我却辜负了他们的期望。我真不该进游戏厅，更不该撒谎。我下定决心，再也不去那个地方了，再也不撒谎了。

现在，一想起这件事，我就后悔。

魅力解读

作者用自己的亲身经历和悔恨的泪水告诉我们:沉迷于电子游戏，不但影响学习，还会养成说谎话的坏习惯，会变成一个不诚实的孩子，这太可怕了。材料典型，感受真实，认识深刻，让我们从这件事中吸取教训，做一个诚实、好学的孩子吧。

那远去的蓝色身影

黄 俊

每当我想起“责任”二字时，眼前就会浮现出那个渐渐远去的蓝色身影。

那是一年前的夏天，火红的太阳炙烤着大地，没有一丝凉风。

我来到教室，班上闹哄哄的，班长和劳动委员站在讲台上正嚷着什么。

班长的脸气得通红，眉毛倒竖：“我再问一次，是谁把这纸团扔在这里的？太不像话了！”

我顺着班长所指的方向望去，果然教室的地上有一团白色的废纸团。

“这是谁扔的纸团啊？”我心中默默地想。

“我看这周的卫生流动红旗又要落空了，扔这个纸团的人真没有道德。”劳动委员板着脸，眼睛里冒着火。

同学们七嘴八舌地议论开来：

“是谁扔的呀？”

“鬼晓得！”

“一点都不讲公共卫生。”

那个废纸团依然躺在地上，无人问津。

就在这时，一个蓝色的身影走过去，蹲下来，拾起那团废纸，扔进了垃圾桶，然后，默默地回到座位上。

啊，原来是我的同桌——王植绿。

这一幕恰好被班长看到，他不分青红皂白，大声地吼道："我知道是谁扔的了！"

大家一听，忙问班长是谁。

"那——就是——"班长从讲台上走下来，"那就是——王植绿！"

所有的同学都怔了怔，然后，不约而同地望着王植绿。

顿时，教室里炸开了锅，大家都在议论：

"真没想到，他是这样的人！"

"对，这人怎么这样啊！"

"看不出来啊，表面上斯斯文文的，想不到啊！"

我看了一眼王植绿，他把头低了下来，一句话也不说，眼睛似乎湿润了。

"丁零零……"上课了，大家都回到了座位上。

班主任老师走进教室，推了一下眼镜，将课本放在了讲台上，说："今天有人将纸团扔在了教室里，你们知道是谁吗？"

"王植绿。"大家一起喊道。

班主任老师摇摇头，他扫视了全班同学一眼，说："是我丢的，我是想看看谁最有责任心，现在大家都看到了吧。"

听了这话，大家都低下了头。

王植绿还是一句话也没有说，可以看出，他的眼里闪动着泪光。

放学了，太阳渐渐落下，夕阳将天空染红，王植绿的身影渐渐远去，那纯正的蓝色在天幕下依然那样耀眼夺目，深深印在了我的脑海里。

魅力解读

作者选取了学校生活中的一幕，展现了一个同学的良好品质和善良淳朴的性格特征。主题很有意义，故事情节一波三折，内容引人入胜，颇能吸引读者的目光。行文中，人物的动作、神态、语言等描写很具体，突出了人物的个性。

1500 米“酷刑”记

龚悦铭

“同学们，今天测试 1500 米跑，围着操场跑十圈！”一上课，体育彭老师就严肃地对我们说。

我一听，差点晕过去。要知道，从一年级到五年级，我的体育成绩就一直是“良”，从来没变过，而且每次都是栽在该死的跑步上。那时，也不过几百米，现在可是 1500 米啊，这岂不……完了。唉，就死扛吧。

“第一组起跑！”彭老师没有多说什么，他一挥手，测试就开始了。

第一组的同学立马像箭一般地飞射出去，一圈、两圈……随着他们的脚步声，我的心情越来越沉重。我多希望他们跑慢点，再慢点，他们却丝毫没有慢下来的意思，八圈、九圈……

“第二组准备！”彭老师发出了指令。

我如临大敌，迈着沉重的步伐来到起跑线上。回头看了看那些跑完的队员，他们一个个气喘如牛、大汗淋漓，我的心里不由得一紧。

“预备——跑！”我们这一组的同学都迅速冲了出去。我知道，第一圈大家的差距不大，应先拔头筹，于是，我加快速度，一下子超越了几个同学，成了第二名。我得意极了，深吸一口气，准备一鼓作气，拿下第一名时，胃却突然疼了起来，这是我的致命弱点，我不禁放慢了脚步。一个同学趁机冲上去，把我抛在身后。我大惊，立刻奋力跟了上去，同时，迅速用眼睛的余光一扫，发现另外两个同学已被我甩下半圈多。我不由得信心大增，开始追前面的几位仁兄。我跑着跑着，彭老师突然出现在我的面前，一声“报圈数”的巨吼犹如12级台风，几乎把我震飞了，我连忙报“1”，他这才点点头。

跑到第三圈，我感觉有些不对劲儿：胃隐隐作痛，脚有点软，手有些酸，我感觉有些体力不支。难道我不行了吗？我疑惑地问自己。我使劲儿摇摇头，暗暗告诫自己：“要对自己有信心，我能行，一定行！”想到这里，我立刻加快脚步，向前奔去。

到了第七圈，我感觉真的不对劲儿了：胃疼得更厉害，脚像踩在棉花上，手麻得连拳头都握不住，喉咙里像塞了一大团棉花，连气都喘不上来。看来，自己真的不行了。一时间，这种想法占据了我的脑海，折磨着我的每一次呼吸。我感觉自己是一个机器人，只是在机械运动，又觉得自己好似在梦中。我真想拧自己一把，看看自己是否真的在做梦。

我艰难地跑到彭老师身边，吐出一个含糊得连我自己都听不清的数字，就又一摇三晃地向前跑去。跑步啊跑步，你可真会要了我的命。再跑，我这个“小作家”可能就要光荣地倒在这永无止境的跑道上了。虽然这样想着，但我的脚步却一直没有停下来。

终于到第九圈了，冲刺！我立即加快脚步，

冲到彭老师面前，兴奋地吐出“9”字，就又向前奔去。

“回来！”彭老师大吼一声，差点没把我的耳朵震聋，我只得乖乖地退了回来，不知是为什么。

“十圈已经跑完了，你还跑什么跑！”彭老师说。

我一愣，呆了好一会儿，才欣喜若狂地欢呼：“耶，我成功了！”

唉，这体能测试可真不是一般的苦啊。

魅力解读

读了该故事，我们的感受和作者的一样：这 1500 米真是“酷刑”啊。由于有亲身体会，因而，长跑过程中自己的心态和感受作者写得绘声绘色，真实、具体。十圈的长跑中，作者主要写了第一圈的紧张，第三圈的不对劲儿以及第七圈的艰难，通过此，紧扣文题中的“酷”大做文章，是一篇重点突出、内容充实的好故事。

麻辣派之五：麻辣心态园

最近比较烦，比较烦，比较烦，总觉得生活越来越令人难堪。接连不断的麻烦，扰得我寝食难安。朋友，你说，我该怎么办？怎么办？

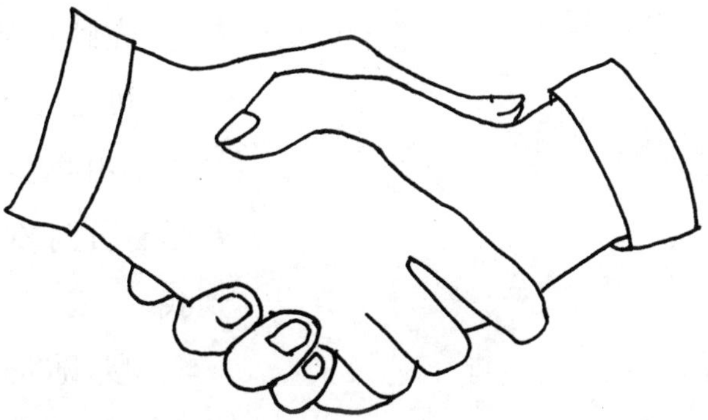

最近比较烦

陆　丹

最近比较烦，比较烦，比较烦，总觉得生活越来越令人难堪。接连不断的麻烦，扰得我寝食难安。朋友，你说，我该怎么办？怎么办？

烦恼之一

时间：上午（刚踏进校门）。

“陆丹，杜老师让你一来就去办公室一趟！”你看，书包刚放下，“圣旨”就到了。唉，想必又是为作文竞赛的事。我脱下手套，嘀咕着向教室外走去。

“呀，你当心一点！”刚跨出教室，就差点和数学科代表撞到一起，真是出门不利。

“我的小才女，你怎么才来呀！快，数学老师找咱俩，要给我们辅导奥数，好准备下个星期的数学竞赛。”数学科代表说。

“可我还要去杜老师那儿呀！”

“先到数学老师那儿去，他已经等急了！”

“可是……”

不由我多说，数学科代表拉起我就走。唉，要是有分身术就好了，幸亏英语老师还没有见到我。

“喂，陆丹，你的英语演讲稿准备得怎么样了？有把握吗？”

真是怕什么来什么，刚下楼梯，就迎面碰到英语老师。

对于她的问话，我只能支吾其词：“我……我……”

“这还要我提醒你吗？快点准备，放学后，去给我说几遍！”

天哪，要是我有孙悟空的七十二变，那该多好呀！

烦恼之二

时间：中午（刚吃过午饭）。

这周是我当值周班长。中午，班里乱糟糟的，我不由得想起上一周因为管纪律不力被老师“炒鱿鱼”的我的前任——李伟，吃一堑，长一智，我可不能再犯同样的错误了。

我来到讲台上，环视了一下教室，是田铃在讲话。在我们班，谁不知道陆丹、田铃是“哼哈二将”，是一对铁姐们，可是……看来，不“大义灭亲”是不行了，于是，我转身将田铃的名字写在了黑板上。这下，教室里立刻鸦雀无声了。是呀，我连自己好朋友的名字都记上去了，还有哪个敢不遵守纪律？

下午，田铃没有像以往一样，叫我出去玩，我知道是什么原因，我真有点后悔。

烦恼之三

时间：放学回家。

放学后，做完家庭作业，我连忙准备英语老

师交代的英语演讲比赛的事。当我的头脑刚有点开窍，客厅里就响起了爸爸和他的牌友“修筑万里长城”的啪啪声。

“爸爸，你们的声音能不能小一点！”我来到客厅说。

“那我们就不要来了，咱们结束吧。”一个牌友站起来说。

“不，不，没关系，小孩子嘛，今天大家难得高兴。”“你去卧室忙自己的事！”爸爸喝道，同时，给了我一个白眼，吓得我连忙知趣地进了自己的卧室。

在此起彼伏的吆喝声中，我开始了English……

最近比较烦，比较烦，比较烦，我总觉得生活越来越令人难堪。接连不断的麻烦，扰得我寝食难安。朋友，看到这，你能告诉我该怎么办吗？

魅力解读

故事一开头，作者就开门见山地写出了自己的感受，结尾进一步呼应，深化了故事的主题，加深了读者的印象：“我”真的比较烦！感受深刻，写出了自己的真情实感。行文中，作者剪辑了几组镜头，列举了自己比较烦的几个事例，心理描写细致入微，诙谐甚至带些自嘲的语言中，流露出深深的无奈。

快乐王子不快乐

何 力

每个人都有烦恼，这话说得不假。

我这个"快乐王子"整天在家里又是唱又是跳，不时还做一些使人发笑的恶作剧，家里人都说我是一个无忧无虑的小调皮，像一个小天使。但是，好景不长，随着时光一天天飞快地过去，我已经是小学高年级的学生了，一些烦恼就像事先约好了似的，纷纷向我袭来。

"何力，你的作业怎么没做完?"数学张老师站在讲台上，大声嚷着，他锐利的目光居高临下地扫视着教室。我意料之中的事情终于发生了，半天，我也没有吭声。

"何力，你听见没有!"张老师再次提高嗓门叫道。

我只好硬着头皮站起来，低着头，红着脸，手不自然地拉着衣角，半天才支支吾吾地说道："我，我……昨晚做题，做着做着就睡着了。"

"你，你再说一遍!"张老师的嗓门又提高了八度，我的声音有点发抖，双眼紧盯着地面。

"我昨晚做题时睡着了!"这次我的胆子微微大了一些，声音也变高了一些。我怯生生地望着老师，心想：反正是豁出去了，最多站一会儿办公室，写一份检讨。

教室里静悄悄的，我这才发现大家的目光

都集中在我身上，像是在看一个模特儿似的。我的脸一下变得通红，恨不得地面上裂开一条缝让我钻进去。

正当我不知所措时，忽然，张老师嘴唇微微抽动几下，蹦出几个字来："你坐下，放学到我办公室去一下。"

我如遇大赦，连忙坐在位子上，打起了检讨的腹稿。唉，有什么办法呢？张老师在我心目中就像一尊庄严的、充满神秘色彩的古希腊神像。

教室里变得异常安静，张老师又重新俯下身子翻看卷子，空气里充满了紧张的气氛，简直要凝固了。突然，张老师脸上的肌肉一动，我的心随着一紧。

"王涛！"张老师再次用高音喇叭似的声音喊起来，只见班长王涛立即站了起来。"你的作业做完没？"

"我、我昨晚做到十一点半，没来得及检查。"王涛咬着嘴唇说道。

我心中一喜，嘿，今天去办公室有伴了。再看张老师，他的脸色变得铁青。过了一会儿，他忽然霹雳似的嚷道："凡是昨天作业没做完的，做×××作业。"想着这一长串的数字，我不由得吐了吐舌头。无奈，只好取出笔做了起来。

"同学们，今晚的家庭作业是×××。"我们正写着作业，语文老师夹着卷子走了进来。我只好一边飞快地写着数学作业，一边竖起耳朵听语文老师布置作业。

时间一晃就是下午五点半了。我抚摸着写酸了的右手,走出了教室。望着远处嬉戏打闹的小孩子,耸了耸沉甸甸的书包,我苦笑了一声,自言自语道:“我这个‘快乐王子’今日不快活了。原来我是一只快活的小鸟,现在却像关在笼里的小鸽子,但愿有一天,我能冲出这只‘鸽笼’,在蓝天中自由飞翔。”

魅力解读

作者夹叙夹议,写了发生在课堂上的一件事儿,说明作业负担重,这是“我”的烦恼之所在。在结尾作者说:“我这个‘快乐王子’今日不快活了。原来我是一只快活的小鸟,现在却像关在笼里的小鸽子,但愿有一天,我能冲出这只‘鸽笼’,在蓝天中自由飞翔。”这几句议论,反映了沉重的作业负担束缚了儿童活泼好动的天性,起到了画龙点睛的作用。

我想变成矮个子

郭　威

看到这个题目，你或许会说：“你神经病吧，人家都是梦寐以求地想长高，长不高的，还要穿高跟鞋充高，你却想变矮，傻子！”其实，我想要变矮，也有我的苦衷呀。

我今年还未满12岁，正读六年级，可每次遇到熟人，他们都会笑着问我：“威威，读初二了吧？成绩怎么样？”

我解释说：“我还是小学生。”

“还是小学生？你这么人高马大的还在读小学，莫非是老留级吧？”

听了这话，我会尴尬得说不出话来。

平时，座位也成了令我犯难的事。由于我是班里个子最高的一个学生，所以每学期老师都把我排到最后。只是我的眼睛有点儿近视，不能坐在远处，这令老师陷入了两难之中。在我的一再请求下，老师同意将我排到了中间。只是这样，坐在后面的同学就被我挡得看不到黑板上的字了，于是，我经常被后面的同学埋怨。为了少遭后面同学的埋怨，我只得委屈自己，一上课就弯腰驼背，好难受。

最令我苦恼的，要数乘坐中巴车了。

有一次，我乘车去外婆家。刚一上车，女售票员就将我拦住了，她用和蔼可亲的口气对我说："小弟弟，请买了票再上车！"我听后，连忙从兜里掏出五角钱，递给了她。

没想到售票员阿姨的脸立刻由晴转阴，她恶狠狠地冲我吼："难道你不懂吗，中学生收一元钱！"

我连忙辩解："可我是小学生啊！"

"你还是小学生？你当我是瞎子呀！你这样的人我见得多了，不就是想要搭霸王车吗？不拿钱，就下去！"女售票员不容我辩解，就将我连推带拉地赶下了车。

唉，没办法，我只好自认倒霉。

朋友，听了我说的遭遇，你该理解我了吧。

魅力解读

人们都想个头长得高一点儿，这是人之常情，作者却想变矮，想法不同一般。读了这篇故事，我们不但理解了作者的苦恼，故事新颖的选材视角，也给了我们很大的启发。内容真实，语言生动，感受深刻，具有很强的表现力。

双胞胎的烦恼

翟玉娇

“你怎么又穿错衣服了，这是我的呀！”姐姐不满地对我吼道。

“我的，我的！”我也不甘示弱地喊道。

“你看，这里有个斑点，是你的吗？”姐姐说。

听了这话，我一头倒在了床上。唉，都是双胞胎惹的祸！

像这样穿错衣服，是我们生活中经常上演的一幕。爸爸妈妈常给我们买一样的衣服，妈妈说：“一套是零售价，两件就可以拿到批发价了。”

一件漂亮的衣服，今天脱了，明天穿到身上，才发现又错了。同学们，你们是体会不到这种苦恼的。

我和姐姐出生在同一年同一月同一天，只是我比她晚出生两分钟，就成了妹妹。直到今天我都在想，我为什么不早出生几分钟呢？那样的话，我不就成姐姐了吗？我不就是家中的老大了吗？

别看我小，我还是比较照顾姐姐的，但姐姐的任性让我不能容忍。瞧，挨了妈妈一顿训，她十分不服气，把手中的东西一摔，就赌气地进了卧室，连妈妈也没有办法。明明是我的饮料，我正在美美地喝着，谁知姐姐跑过来，一把夺了过去，指着一瓶少的说："那才是你的！"说着，就咕咚咕咚地喝了起来。等我费了好大的劲抢过来一看，啊，只剩下一个空饮料瓶了，气得我眼泪都快流了出来。

平时，爸爸妈妈、爷爷奶奶以及一些街坊邻居经常把我们搞混。

就拿今天中午来说吧，吃饭时爸爸叫：

"娇娇，别看书了，出来吃饭。"

"听见没？娇娇！"

见没有动静，爸爸有点火了，就快步走进里屋，大吼道："翟玉娇，吃饭了，听见没？"说着，就一把将书夺了过去。接下来，出现的竟是姐姐一张茫然的脸和爸爸哈哈的笑声："怎么是你？你不是没有回来吗？"

小时候，妈妈给我们分吃的，常出现一人分两次，另一人没有的事。大了以后，如果出现这样的事，我们会故意逗妈妈，搞得妈妈哄完这个又劝那个，完了再训斥我们一番："养个双胞胎，真是烦！"

瞧，这就是双胞胎的烦恼。

魅力解读

家庭中出现一对可爱的双胞胎，是一件快乐的事，但围绕她们的成长，就经常会出现一些小麻烦，没办法，谁叫她们长得那么像。材料新颖，内容鲜活，语言生动，描写细致。行文中，围绕一个"烦"字，作者写出了自己多彩的生活。

这个暑假真烦

张 黎

烦烦烦，这个暑假可真烦。

你瞧，暑假才开了个头，老妈就与我来了个“约法三章”：一、不准上同学家串门；二、每天看电视时间累计不得超过一小时；三、每天看书的时间不得少于三小时。虽然我有千万个不愿意，可是，老妈手里的鸡毛掸子是不认人的，我这身细皮嫩肉，哪能敌得过鸡毛掸子？还是识时务者为俊杰吧。

暑假的第二天，我就“安分守己”地捧起书本，准备看书。可知了也真不识相，扯起了喉咙嚷个没完没了。蚊子也来凑热闹，嗡嗡地叫着，时不时地在我的皮肤上留下几个印痕。唉，骄阳似火的夏季呀，就连屋里的凳子也难逃“魔爪”，变得热乎乎的。偏偏又接二连三地断电，电风扇没了用武之地。坐在热乎乎的凳子上，屁股哪能不挪过来又挪过去呢？

这都不是最烦的，最烦的还在后头呢。一天，爸爸回家时手里拿着一副象棋。

“老爸，今儿个太阳从西边出来了，你不是不喜欢象棋吗？”

“宝贝女儿，我同事的儿子在市象棋比赛中获得了第二名。据他说，这象棋可是大大的好！”老爸竖着大拇指，学着小鬼子的腔调说。

他抿了口绿茶，又继续夸道："他们说象棋对训练人的思维能力很有效，尤其是对数学的学习，很有帮助。现在放假了，你也该学上一招半式了。我已经跟他们商量好了，从明天开始，每天上午你就去他家学棋。"

我嘴里嘟囔着，正想和老爸辩上几句，老妈急匆匆地回来了。一进门，妈妈就上上下下地打量起我来，边打量边喃喃自语："行，行，一定行，我女儿这身材哪能不行！"

"妈妈，你怎么了？"我问。

"来来来！"妈妈一把将我拽了过去，"妈妈跟你说，邻居李阿姨家的孩子正在跟王老师学跳舞，我也给你报了名。"

"妈，你怎么和爸爸一样……"我瞪了老妈一眼，"老爸已自作主张让我每天上午学象棋……"没等我说完，妈妈连忙插嘴道："不冲突，不冲突，上午学象棋，下午学跳舞，两不误嘛！"

本想利用暑假"天马行空"一回，可人算不如"父母"算，一切都由不得自己啊！

唉，这个暑假可真烦！

魅力解读

骄阳似火的夏天已让人焦灼不安了，而父母全天候的学习安排，更让人烦上添烦。爸爸让学象棋，妈妈又安排学跳舞，这正如许多根线硬要穿进一个细小的针眼里，这能成吗？故事中，作者以亲身的体验、真切的感受，写出了令自己烦心的事情，读后，我们仿佛看到了作者一脸无奈的表情。

成长的烦恼

张 超

原来,我的童音在班上是最好听的。

你听,读课文声音最响亮的,准是我;在音乐课上唱歌,男生嗓音最好听的,准是我;体育课上,口号喊得最带劲儿的,也准是我……当时,我真为自己有这么一副好嗓子而自豪,可现在……

不知从什么时候开始,语文课上,再也听不到我比别人高八度的声音了;音乐课上,我的歌声总比别人低一个调;体育课上,我的喊声像一个"老板鸭"在怪叫。

你也许会问,这是怎么回事儿?很简单,我变声了。

照理说,变声是一种正常的生理现象,男女生临到青春期都会变声,我却非常不习惯。

首先,我比别的同学变声变得早得多。我们班的同学几乎都没变,偏偏我一个变了声。虽然同学们没有因此而过多地关注我,我却非常注意控制嗓音,更不敢大喊大叫了。

其次,如果我的嗓音变得越来越深沉也就罢了,那样同学们也许会说:"张超,你说话什么时候变得如此老成了?"可惜我的嗓音也没有变到那种地步,只是变成了沙哑的、粗声粗气的,甚至有些半阴不阳的声音。这样讲起话来,不仅别人听了别扭，我自己听了也别扭。

可又有什么办法呢？就这么一副嗓子，只有我自己和大家都忍一忍了。

唉，恼人的变声。

记得有人说过："人是在烦恼中长大的。"通过这件事，我对这句话有了切实的感受。

魅力解读

作者在成长中碰到了什么烦恼呢？原来，比别的同学变声变得早得多，而且声音变得很难听，这令作者十分烦恼。可以看出，作者是一位有心人，他能准确地把握变声给自己带来的烦恼，并对此做了细致的描述，通过此，从一个独特的角度展示出自己的成长经历。

我的烦恼三部曲

朱 洁

“最近有点烦，有点烦……”我一边哼着歌，一边漫游在老师、爸妈布置的题海之中。自从升入六年级，我便烦恼不断。

烦恼一：书山题海难摆脱

唉，六年级的数学题深奥了，语文课文神秘了，英语单词更难记了。

天刚蒙蒙亮，妈妈就把我从暖烘烘的被窝里叫起来。虽说心里有一百二十个不情愿，但妈妈的话不能不听，二十分钟的英语晨读拉开了一天的序幕。

白天在学校刻苦用功，就不必说了，好不容易挨到放学回家，先语文后数学，刚赶完老师布置的作业，似乎说好了一样，爸爸就手捧“金卷”“AB 卷”“ABC 卷”来到我的书桌旁。一通望子成龙、望女成凤的“演讲”，让我“心甘情愿”地埋下头来，“遨游”于书山题海中，一本、两本、三本……

每当看到同龄的孩子在外面玩耍，焦躁与烦恼便扰乱了我的心绪，咸咸的液体常常不自觉地从眼角滑落。

烦恼二：少年朋友渐疏远

作业多了，时间紧，也就没机会和朋友一起

玩了。有时,她们来找我,妈妈就像门神一样把她们挡了回去。聊天谈心、交流难题的时间越来越少,朋友们都与我疏远了。

有时在街上见了,她们也装作没看见我似的,转身走过。每当我想约她们出来玩,她们都婉言拒绝。难道这些年的友情就这样烟消云散了?我真不甘心。

我是一个重情义的女孩,面对朋友的疏远,真是欲哭无泪。

烦恼三:少年心事无人识

天天学习学习再学习,心里的那根弦绷得紧紧的。一旦考试成绩不理想,那种提心吊胆就甭提了。

在学校,老师、同学的眼神使我坐立不安;在家里,爸妈的指责让我无处躲藏。真不知道衡量人的标准到底是什么,难道只是考试分数,或者是某项特长吗?难道埋头苦学,长大就一定会有所作为?唉,成绩啊成绩,想说爱你,真不容易。

"六年级了,还有心思哼歌?作业做完了?该听英语磁带了……"妈妈那声调高昂的话语又在我耳边炸响。无奈,我赶紧将烦恼打包,继续自己的作业之旅。

魅力解读

这篇故事围绕作者学习生活中的烦恼,分别从作业负担、同学关系和少年心事这三个方面来写,材料很典型。生活中,书山题海压着她,同学的疏远困扰着她,失败的痛苦折磨着她,读后,我们感同身受。这样沉重的话题从一个孩子的口中说出,令人深思。

我不想没作业

章舒涵

同学们，看到这个题目，你们是不是觉得我是一个热爱学习，喜欢把自己埋在作业堆里的书呆子呢？告诉你吧，我这么写是有苦衷的，请听我慢慢道来。

“哈，今天三门大科的老师都没布置作业！”同学们一片欢呼，像小鸟一样飞出学校，个个兴高采烈，我也不例外，哼着小调回了家。

刚开家门，小狗欢欢就对我一阵欢叫，好像知道我今天没作业，正为我高兴呢。我快速取下书包甩在地上，打开电视，观看久违的动画片，再从冰箱拿出零度可口可乐，又拿了一袋薯片，就躺在沙发上，一手饮料一手零食，眼睛盯着电视屏幕，这情景真是难以形容的舒服啊！

一会儿，门开了，传来妈妈熟悉的脚步声，我没当回事。今天没作业，妈妈能奈我何？哈哈！我还是继续陶醉在动画片里。

只觉得一个人影快速来到客厅，“叭”的一下，电视机被关了，我正要发作，没想到，妈妈比我更快，她一把把我拎起来，生气地说：“今天你竟然胆大包天了，在这里看电视啊，不做作业了？你看，都五点半了。”妈妈指着手表质问道，“吃了晚饭就六点半了，你再做作业，不做到深更半夜才怪呢！”

说着，妈妈就把我从客厅拉到小房间，让我做作业。

妈妈一连串的质问令我震耳欲聋，让我眼花缭乱。

我连忙解释说："今天没作业！"

妈妈一脸的不信，甚至怀疑我撒谎，直到我赌咒发誓，妈妈才半信半疑地说："那也好，你爸爸同事小孩的学校发了几套卷子，你爸爸拿回了几张英语卷子，你的英语不好，趁今天有空，就操练操练吧！"

这话对我来说无疑是个巨大的闷雷，一下子把我震呆了。我"完美"的休息计划不但全被毁了，还来了一项这么艰巨的任务，我的脸一下子变绿了。妈妈见我发呆，便将卷子一股脑儿地塞到我怀中，命令我快做。

第二天，来到学校，我见同学们都是唉声叹气的。一打听，才知道原来没有一个人能够逃脱家庭作业的魔掌。唉，老师不要不布置作业啊，因为父母布置的家庭作业有时更可怕。

魅力解读

读了这篇故事，是不是感觉很辛酸？作者抓住"不想没作业"这个心态展开描述，写出了一个小学生沉重的课业负担以及无法逃脱的境遇。如果说现在的教育有许多的问题的话，家长在一定程度上是不是也是问题的制造者呢？这个问题值得每一位家长反思。

何时才能给考试减肥

刘 静

绝大多数同学都怕考试，我们班的同学也不例外，一些同学一听到“考试”这个词，就吓得魂飞魄散。

一天下午，刚来到学校，几个消息灵通的同学就向大家宣布：今天下午要考试。

顿时，教室里炸开了锅。

有的同学埋怨：“老师可真烦！”

有的同学惊叫：“糟了，我都没有复习，咋办呢？”

于是，有的同学拿起书，读得摇头晃脑。有的同学仍在玩，似乎有种临危不惧的气魄。

有同学问他：“你还有心思玩啊？”

这个同学得意地说：“我早就知道今天要考试，所以，我早就复习完了！”

许多同学一下子围了过来，问道：“有什么秘诀吗？”

“一个单元学完了，自然就要考试了。”

这不是废话吗？同学们扫兴而归。

“丁零零——”往日清脆的上课铃声此时听起来有点恐怖、威胁的味道。

不一会儿，老师走进教室，抱着厚厚的一叠卷子。很快，卷子发了下来，同学们开始答题。紧张的气氛中，空气似乎凝固了。

过了一会儿，有的同学像长颈鹿，在别人的试卷上扫来扫去，搜寻着“目标”：有的同学愁眉紧锁，咬着笔杆，擦着试卷，橡皮屑铺满一桌；有的同学是常胜将军，他们在悠闲地摆弄着橡皮……

时间一分一秒地过去了，那带有恐怖和威胁味道的铃声终于再次响起。教室里顿时热闹起来，同学们三五成群地在一起对答案，答对者兴高采烈，答错者后悔莫及，这就叫“几家欢喜几家愁”。有的同学像兔子一样冲出教室，不想沉浸在答错题的无限懊恼中。

考试之前，“天气闷热”；考试之时，“风狂雨骤”；考试之后，“晴空万里”。这就是同学们对考试的理解。啊，何时才给考试减肥？何时才能给我们一个没有考试的童年？

魅力解读

作者是一个善于观察的孩子。瞧，她把自己的双眼当相机，将考试前、考试中、考试后同学们的表现都定格下来；她把自己的耳朵当录音机，录下了贯穿考试前后的各种声音，然后，用大脑进行“剪辑”，用文字这个“胶片”把读者带到了小电影前。在故事的结尾，作者道出了自己的心声——希望考试能减肥，能够还自己一个快乐的童年。言为心声，这才是写作的意义。

我该不该说

曹雪慧

今天下午第二节是自习课，老师们要开会。您在黑板上急忙布置了作业，嘱咐了我们一番，强调了纪律的重要性，就“咚咚咚”地跑下了楼梯。

您一走，教室里立即热闹起来，刚才还是鸦雀无声，现在，同学们叽叽喳喳地吵个不停，顿时，教室里成了鸟的天堂。

大约过了五六分钟，有个耳尖的同学听见楼梯上“咚咚咚”的脚步声渐渐传来。“糟了，老师回来了！”这个同学立即喊了出来。于是，串位的同学忙跑回来，喝水的同学马上把水壶收起来，看动画书的同学忙把书藏起来，刚才还在闲谈的一些同学马上闭上了嘴……同学们都坐得端端正正，有的在写字，有的连忙抓起桌上的书，胡乱地翻上几页，书拿倒了，也顾不得，有的人还故意把书遮住自己的脸，装作专心致志读书的样子。教室里，热闹得快，静得也快。

一会儿，一个人从窗外走过。没想到，来的竟不是您，而是五年级的一个同学，见此，大家吊在嗓子眼的心又放下了。很快，教室里又恢复了“繁华”的景象。

一些女生忙着编东西，或是在纸上乱涂乱画，还有的在窃窃私语，男生呢，跑前跑后，说着笑话，那感觉比郊游还高兴。

见此，我真想装着看不见，可一想到自己的职责，作为班长，我立即行使班长的责任，我向那些同学大声地说："请不要说话！"同学们大都无动于衷，更有几个男生还油腔滑调地学我的声音，气得我立即搬出"尚方宝剑"，我拿出纸来，说："谁再讲话，我就记谁的名字，并让他写检查！"听了这话，那些乱的同学这才稍微安静下来。

过了一会儿，您真的来了。同学们一看您来了，真是秤砣掉在棉花上—— 一点响声都没有了。您看见同学们在认真地读书、写字，脸上露出了欣慰的笑容。

刚才发生的"动乱"，我该不该告诉您呢？我说了，怕您生气；不说，是班干部不负责任。想了想，我还是写下来吧，您自己慢慢看。

唉，同学们何时才能改掉这个毛病？

魅力解读

本文的作者所遇到的问题是多数学生干部同样困惑的问题。行文中，作者写了教室里"热闹"的场面，让人感到同学们的调皮捣蛋虽有可爱的一面，但又令人忧虑和担心，这样行吗？这就把对问题的思考深入了一步。故事将一个学生干部酸甜苦辣的心态写得非常具体，通过此，我们看到了一个无助却又负责任的班干部的形象。

令人心惊胆战的笑容

田　野

本学期的家长会终于在本班教室隆重地召开了。

家长会持续了两个小时，我的心也被拎起了两个小时。我真是非常非常担心，既担心自己在课堂上的不良表现会被班主任揭发出来，又担心自己社会、科学两门学科期末成绩不好的情况被妈妈掌握后，会被狠狠地K一顿。好在老天这次给足了我面子，老妈说家长会上，光听校长做报告了，班主任都没有时间给家长们说说学生的在校表现情况，另外，副科成绩也没有公布。

哈哈，我心中的那块大石头终于落地了。

谁知，还没等我完全回过神来，妈妈又紧接着说道："别以为你的考试成绩我不知道，我早就把你们班主任的手机号码记下来了！"说完，她诡异地一笑。

看着妈妈诡异的笑容，我不禁打了个冷战，心仿佛被人猛揪了一下，又落入心惊胆战的深渊中。我再次从梦想的世界跳出来，又一次落入了残酷的现实世界中。

我望着妈妈，暗想：姜还是老的辣啊！千算万算，竟然没有想到妈妈会向老师要手机号码，看来我的美梦要泡汤了。唉，我那破碎的心灵永远都没法弥补了！

“吃饭了！”一声叫喊把我从那个担惊后怕的世界中拉了回来，原来刚才的一切都只是我的幻想啊！这时，老妈正叫我吃饭呢。我高兴极了，刚才的一切幸好只是我的幻想，于是，我蹦蹦跳跳地向饭桌走去。

突然，放在饭桌上的一张小纸片引起了我的注意。啊，小纸片上竟然记着班主任的手机号码。原来，原来刚才发生的一切都是真的，顿时，我仿佛又落入到那个不可预测的深渊里。

魅力解读

多么精彩的心理活动描写，通过作者的自言自语，我们认识了这个诙谐幽默、心思细腻的男孩。题目很有味道，能够激发读者的阅读兴趣。行文中，围绕“笑容”，作者百般猜测，时喜时悲的心情，深深地感染了读者，并赋予了故事深刻的内涵。

犯错之后

刘卓然

事情发生在星期二的体育课上，因为下雨，老师让我们在教室里自习。我懒洋洋地翘起椅子的两条前腿，身体随着椅子向后倾，伸了一个大大的懒腰，谁知用力过猛，我连人带凳子摔倒在地。屁股摔疼了不说，偏偏我坐最后一排，一把崭新的拖把被我硬生生地“斩断”了。

幸好教室里闹哄哄的，没人发现。怎么办？把拖把偷偷扔掉吧，目标太大。向老师自首吧，肯定是死路一条。前几天，几个捣蛋鬼玩闹时弄断了拖把，就被老师痛批了一顿。

忐忑不安地熬过了一天，放学回家，我憋不住把这事告诉了妈妈。

妈妈轻描淡写地说：“好汉做事好汉当，喏，桌上有十块钱，明天先向老师认错，再买一把来赔。”

什么，自首？我输得起这个面子么？还是死守秘密吧。

如坐针毡，我熬过了两天，明天就是星期五，全班大扫除得用拖把，不能再拖下去了，必须做出决断！是负隅顽抗，还是乖乖自首呢？唉，选哪一条路都难。也许妈妈说得对，好汉做事好汉当，长痛不如短痛，干脆……

第二天，我怀揣十元钱和一颗怦怦乱跳的

心早早来到教室，想趁同学们没来之前把这事儿解决了。当走过老师身旁时，我的勇气又全没了——事情都过去几天了，老师还会接受我的道歉吗？唉，混过去算了吧。回到座位上，我心神不宁，一个字也读不进去。这样憋着，实在太难受了，还不如痛痛快快地接受惩罚。于是，我再一次向老师走去，艰难地道出了整个事情的经过，并掏出钱递给老师。

没有想到，老师并没有我想象中的怒火中烧，只见他笑了，说："嗯……看你这么诚实，而且又不是故意的，这次就不用赔了，不过，以后要注意了！"

啊，我简直不敢相信自己的耳朵，压在心头这么多天的千斤巨石原来只是一团轻飘飘的棉花啊，顿时，我感到从未有过的轻松。哈哈，我又可以轻轻松松地生活了。

魅力解读

人非圣贤，孰能无过？犯错之后，是勇敢面对，勇于承担，还是隐瞒、欺骗、逃避？作者以自己的亲身体验给出了一个明智的选择。行文中，作者着力描述自己内心的冲突、挣扎：犯错后的"忐忑不安""如坐针毡"；认错时的心"怦怦乱跳""勇气又全没了"，憋着的"难受"；认错后的惊讶和轻松。在这起起伏伏、真切动人的描写中，"好汉做事好汉当"这一人生哲理也悄然进入我们的心灵。

优等生？忧等生！

杨润东

优等生？No,忧等生！虽然我知道不该这么说,但还是要这么说。

从我迈进学校的大门之后,无论在哪一个班,我一直是个优等生,言外之意,就是各方面都很优秀的学生:成绩顶呱呱,学习态度没得说,各方面的表现一级棒,是老师的宠儿,是同学的榜样。这种状态从一年级一直持续到四年级,我感到很得意、很光荣、很快乐。

到了五年级,我突然觉得自己长大了、成熟了。现在,对于“优等生”这个称号我反而有些反感了。特别是最近发生的几件事,让我再也无法坦然接受“优等生”这个头衔了。

事件一:同学对我百般指责

“加油！加油……”随着一声声响亮的加油声,我们年级的拔河比赛正式开始了。

在比赛前,我们队做过周密部署,对比赛是信心百倍,参赛的同学个个是精英,我也因为个头较大,有幸被选中,做尾部的“守阵将军”。

比赛开始了,我们使出浑身解数努力拔。对方也不是省油的灯,双方可谓实力相当。就在两队僵持不下的紧急关头,我的膀胱开始胀痛——因为我一着急、紧张,就想上厕所。天哪，我憋不住了。我的手不由自主地松了，绳子从我手中滑落。对方趁着这大好时机，士气陡然上升，很快就占了上风。结果呢，不言而喻，对方赢了。

比赛结束的哨声刚落，我就被大家数落了一通。班里有名的“机关枪”还勃然大怒，称我是对手派来的间谍。我委屈，我不服，可我又能怎样呢？在同学们的眼里，优等生就应该是十全十美的，不允许有丝毫的差错，优等生一有不佳的表现，必然会受到指责。

事件二：老师不允许我失败

那天的兴趣活动课前，张老师冷不丁地通知我们：“今天举行现场作文竞赛！”

我不大擅长写作文，但总想表现得最棒，于是，竞赛一开始，我就绞尽脑汁想新颖的材料，却怎么也想不出来。我左顾右盼，看到同学们都成竹在胸，埋头笔耕，我更加着急，佯装下笔如有神的样子，可竟然毫无灵感，最后，我也不知道自己都写了些什么。

竞赛结束了，很快，老师就开始宣布结果。看着老师严厉的目光，我就知道，自己完了！老师按照成绩的高低顺序宣读名单，最后一个名字是我。老师的话让我无地自容：你跑题了！

事后，老师又是谈心，又是通知家长，忙活了好几天。

我亲爱的老师呀，你就让我失败一次吧。

魅力解读

原来优等生也有烦恼，那么，优等生是如何变成忧等生的呢？作者借助于三方面的内容，向我们一一道来。综观全文，故事最大的特点是切入的角度很新颖。作者一反常态，不是从“差生”的角度来谈，而是从优等生的角度来谈，写出了这类学生的种种烦恼。内容特别，感受深刻，令读者眼前一亮。

事件三：父母对我严要求

双休日是我最向往的时间，因为在这两天里我可以好好放松一下。我可以玩玩电脑，看看自己喜爱的电视节目，摆弄一下久违的赛车，还可以……谁知，爸爸妈妈早就为我安排好了一切：星期六早上，上学校的兴趣班，下午在家写作业；星期天上午，上少年宫的书法班，下午在家练两个小时的字。我虽然理解爸爸妈妈的良苦用心，但我不是被囚禁的小鸟，我需要自由的生活呀。

我以后的路还有很长，初中有 3 年，高中有 3 年，大学有 4 年，再往后还要上研究生……天哪，我不想当优等生，我只想做一个普通的学生，无忧无虑，快乐地成长。